오늘도 나는 요양원으로 출근합니다

오늘도 나는 요양원으로 출근합니다

김혜숙 지음

우리는 무슨 인연일까

피톤치드

"원장님, 엄마가 환하게 웃는 사진을 보니 너무 고마워서 전화드렸어요."

5년 만에 보호자에게서 걸려온 전화였습니다.

사진 속 그날을 아직도 기억합니다. 초가을 바람이 살랑이던 어느 오후, 어르신들과 함께 인천대공원으로 나들이를 갔습니다. 어르신은 나무 그늘 아래 앉아 아이스크림을 들고 마치 어린아이처럼 해맑게 웃으셨습니다. 그 순간이 너무나 아름다워 사진으로 남겼고, 보호자에게 어르신의 행복한 모습을 전해드린 적이 있었습니다.

그리고 5년이 흘러, 그 사진이 보호자의 손에 다시 닿았습니다. 집안을 정리하다 발견한 사진 한 장. 사진 속 어머니는 마치 어린 시절의 모습을 되찾은 듯 순수한 웃음을 짓고 있었습니다. 보호자는 "엄마가 정말 행복해 보이셨어요. 요양원에서 그런 환한 웃음을 지을 수 있었다니 얼마나 감사한지 몰라요."

라며 고마움을 연거푸 전했습니다.

보호자의 목소리에는 마음이 담뿍 실려 있었습니다. "아이

스크림을 들고 그렇게 활짝 웃는 엄마의 모습을 보니 마음이

따뜻해지더라고요. 요양원에서 엄마가 얼마나 행복하셨는지

느낄 수 있었어요."

그 순간, 어르신을 돌보며 함께 웃고 울었던 시간이 머릿속

을 스쳤습니다. 전화를 끊고 난 뒤에도 한동안 여운이 남았습

니다. 그날 찍었던 사진 한 장이 보호자에게는 어머니와의 행

복했던 시간을 떠올리게 하는 보물이 되었고, 나에게는 내가

하고 있는 일이 얼마나 가치 있는지를 일깨워주는 선물이 되

었습니다.

누군가의 삶에 작은 빛이 되어줄 수 있다는 사실, 그것이야

말로 이 일을 계속할 수 있는 이유라는 생각이 들었습니다.

부모님을 요양원에 모신다고 하면 여전히 곱지 않은 시선으

로 바라보는 눈길이 있습니다. 그러나 요양원이 어르신과 보

호자, 양쪽 모두의 삶의 질을 생각할 때 최선의 선택으로 자리

잡은 것도 사실입니다. 효심이 부족해서, 부모님을 사랑하지

않아서 요양원에 모시는 게 아닙니다. 부모님이 요양원에 계

셔도 자녀들은 틈이 나면 한 번이라도 더 부모님 얼굴을 보고

싶어 하고, 어르신들은 앉으나 서나 자식들 걱정만 하실 정도   5

로 서로 애틋합니다.

긴 세월 동안, 우리의 역사는 부모님 세대의 헌신과 노력으로 이어져 왔습니다. 어르신들은 아무런 희망조차 보이지 않던 척박한 땅 위에서 묵묵히 땀 흘리며 오늘날의 대한민국을 만들어 주셨습니다. 그분들이 계시지 않았다면, 지금 우리가 누리는 풍요로움과 안정은 아마 먼 꿈에 불과했을지도 모릅니다.

그분들의 자녀들 또한 마찬가지입니다. 하루하루 가족의 행복을 위해 열심히 살아가는 소박한 이들이야말로 이 세상을 움직이는 진정한 힘이 아닐까요? 어르신 세대와 자녀 세대가 마음의 빚을 덜어내고 함께 행복할 수 있으려면 어떻게 해야 할까요?

이 책은 바로 그 질문에서 시작되었습니다. 어르신들의 삶에 다시 빛을 더하고, 쓸쓸한 황혼이 아니라 따뜻한 여생을 꾸려 갈 수 있어야 합니다. 동시에 자녀들은 부모님이 요양원에 계셔도 죄책감 없이 마음 놓고 생업에 더 집중해야겠지요. 저는 요양원이 어르신들에게 진정성 있는 돌봄 서비스를 제공하는 것으로 부모님과 자녀 세대 모두에게 답을 줄 수 있다고 생각했습니다.

어르신들에게 필요한 건 시설과 돌봄을 넘어선 존엄입니다. 삶의 마지막까지 누군가로부터 귀하게 여겨지고, 마음과 정성으로 보살핌을 받는다는 확신이 주는 안도감과 안정입니다. 어르신들이 외로움과 질병에서 벗어나 따스한 햇볕 같은 평안을 느끼며, 부드러운 바람 같은 다정함 속에서 삶을 이어가길 바라는 간절한 마음을 이 책에 담고 싶었습니다.

이 책은 단순한 돌봄 기술의 나열이나 시설 운영의 매뉴얼이 아닙니다. 돌봄의 현장에서 마주한 생생한 이야기들과 그 안에서 발견한 삶의 지혜를 담고자 했습니다. 어르신들의 손에 남은 주름, 눈가에 맺힌 미소 속에서 우리는 인생의 진정한 아름다움을 배웁니다. 돌봄이라는 행위가 단순히 책임을 수행하는 것이 아닌, 서로의 삶을 나누고 새로운 의미를 창조하는 과정임을 깨닫게 됩니다.

또 요양원을 운영하며 얻은 실질적 통찰과 경험을 담아냄으로써 고령화 사회를 준비하는 데 필요한 지침을 제공하려고 했습니다. 그러나 무엇보다 중요한 건 이 책을 통해서 어르신들께 진정으로 원하는 바를 채워드리고 그분들을 돕고 싶은 마음입니다.

한 권의 책이 세상에 나오기까지 함께 했던 요양원 가족들에게 감사합니다. 사랑을 가르쳐주신 어르신들께 존경을 표합니다. 특히 크고 작은 일도 함께 나누며 기도의 동역자들이 되어준 중보 기도 팀에게 고맙다는 인사를 드리고 싶습니다. 당신들이 있어서 여기까지 왔고 앞으로도 힘을 내어 걸어갈 수 있 7

습니다.

　누군가의 마지막 여정에 동행하며 마음을 나누는 일, 그것이
하나님께서 나에게 주신 소명임을 고백하며….

2025년 봄

김혜숙

1부

오늘도 요양원으로
출근합니다

약과
기저귀

✈

요양원을 운영하기 전에 오랫동안 어린이집을 운영했었다. 워낙에 아기를 좋아해서 어린이집 일이 정말 즐거웠다. 그때는 몰랐는데 내가 우리 사회에서 가장 대표적인 약자로 꼽히는 아기와 노인을 돌보는 일을 하면서 살게 된 건 다 이유가 있는 것 같다. 그만큼 사람을 돌보는 일이 내게 소중한 가치이기 때문이다.

아기와 노인은 공통점이 많다. 둘 다 보살핌이 필요한 존재다. 아기와 노인 모두 독립적으로 생활할 수 없다. 의존적이기 때문에 돌보는 사람의 마음을 두드리는 순수함과 천진함을 갖췄다. 그들은 돌보는 사람들의 감정을 자극한다.

이들에게 꼭 필요한 물건이 있는데 그것마저도 똑같다. 바로 약과 기저귀다. 약은 몸에서 이상이 나타날 때 빨리 써야 한다. 그래야 더 큰 병을 예방하고 건강하게 살 수 있다. 그래서 약과 기저귀는 어린이집은 물론이요, 요양원에서도 필수품으로 통한다.

그런데 다시 생각해 보면 약과 기저귀가 돌봄을 받는 당사자보다 돌보는 사람에게 더 유용한 필수품이 아닌가 싶다. 사실 요양보호사 선생님 한 명이 돌보는 어르신의 수가 적지 않다. 선생님 한 분에 어르신 한 분, 일대일로 돌볼 수 있다면 얼마나 좋을까. 그러나 현실은 그렇지 못하다.

사정이 이렇다 보니까 몸이 조금이나마 불편하면 약을 쓰고 대소변을 가리는 일이 힘들면 바로 기저귀를 채우는 게 요양원의 현실이다. 약과 기저귀를 쓰는 게 나쁘다는 말이 아니다. 하지만 약과 기저귀를 쓰면 어르신들을 쉽게 재울 수 있고 대소변으로 요양원 내부를 더럽히는 일이 많이 줄어든다.

그렇지만 이러한 편의는 양날의 검이기도 하다. 아직 약과 기저귀를 의존하지 않아도 되는데 미리부터 써버리면 어르신들은 혼자서 병을 이겨내고 대소변을 가리는 능력을 영영 잃어버린다. 그렇게 되면 어르신들은 자유를 잃어버린다.

그래서 우리 요양원은 어르신들을 돌볼 때 약과 기저귀를 쓰는 일을 가능한 한 한 미루려고 한다. 되도록 어르신이 직접 식사하고, 직접 화장실에 갈 수 있게 한다. 이런 돌봄이 약과 기저귀를 쓰는 것보다 더 번거롭고 힘들 수 있다. 그러나 쉬운 길이 옳은 길은 아니다. 힘들고 번거로워도 옳은 길을 가야 한다. **15**

어르신들에게도 마지막 자존심이 있다. 아직 약과 기저귀에 의존하지 않아도 되는데 의존하게끔 해버리면 심적으로 많이 힘들어하신다.

1990년대 초에 세워진 일본의 '요리아이의 숲'이라는 곳이 있다. 유명한 노인 요양 시설인데 우리가 상상하는 것과 다르게 럭셔리와는 거리가 멀다. 일본식 다다미가 있는 소박한 가정집이다.

이곳을 소개하는 책도 출간됐는데 부제는 '자유를 빼앗지 않는 돌봄'이다. 사실 자유와 돌봄은 공존하기 어렵다. 돌봄이 돌보는 사람 위주로 흘러가기 쉬우므로 돌보는 사람의 편의에 맞춰서 어르신들의 자유는 제한되곤 한다.

그런데 요리아이에서는 자고 싶을 때 자고, 먹고 싶을 때 먹는 자유가 있다. 치매 노인들을 돌보는 시설이지만 당사자가 싫다고 하면 기저귀도 차지 않는다. 심지어 바깥에 마음대로 나갈 수 있다. 치매 노인들에게도 자유가 주어지는 것이다.

하지만 요리아이에도 위기가 찾아왔다. 이곳에서 요양하던 할아버지 한 분이 동네 산책에 나섰다가 길을 잃은 것이다. 요양원의 소장과 직원들과 함께 사라진 할아버지를 찾아 헤맸다.

'만약 어르신이 돌아가시면 어떡하지?'

'보호자가 고소하면 어떡하지?'

'책임을 추궁당할 거야.'

요양원을 운영하는 사람들이 자주 하는 생각과 다르지 않았다. 하지만 끝내 자유의 가치를 포기할 수 없었다고 한다.

'목숨을 지키기 위해서라면 사람을 가두어도 되는 거야? 인지 저하증인 사람은 안전을 위해 자유를 빼앗아도 상관없는 거야?'

할아버지를 찾은 소장은 그 일을 겪고도 어르신들의 외출을 금지하지 않았다. 대신 반경 200미터 안에 사는 주민들에게 실종된 어르신을 보면 적극적으로 알려 달라고 부탁했다. 그는 끝까지 치매 노인을 통제하지 않고 독립적인 인격체로 대우했다.

우리 요양원은 요리아이와 비교하면 아주 부족하다. 그러나 나는 어르신들의 자유가 침해당하지 않는 돌봄이 있을 수 있다고 믿는다. 몸이 아프고 쇠약하다고 해서 인간으로서의 존엄까지 침범당해서는 안 된다. 인간에게는 하루를 살더라도 하고 싶은 대로 자유롭게 살 권리가 있다. 그래서 나는 삶의 마지막 날까지 자유가 보장되는 요양원을 꿈꾼다.

내가 이렇게
예뻐?

지난여름 북 콘서트에 참석했다가 한자리에 조용히 앉아서 캐리커처를 그리는 분을 만났다. 참석한 분들을 세심히 관찰하며 그림을 그려서 전해주는 손길과 뜻밖의 선물을 받고 기뻐하는 사람들의 표정을 보자 내 마음에도 감동이 일었다. 꼭 아름다운 영화 속 한 풍경을 눈으로 본 것 같다고 할까?

북 콘서트가 끝나갈 때쯤 우연히 그림을 그리던 분과 같은 자리에 앉아 식사하게 됐다. 서로가 자신을 소개하면서 알게 된 그분의 이름은 김선희, 영어를 가르치는 선생님이었다. 김선희 선생님은 내가 하는 일을 알게 되면서 뜻밖의 제안을 하셨다.

"요양원 원장님이세요? 제가 마침 봉사활동을 꼭 하고 싶은 데 어떻게 시작해야 할지 몰랐거든요. 혹시 제가 가서 도움이 되는 게 있을까요?"

"그럼, 저희 어르신들 생신 때 선물로 캐리커처를 그려주실 수 있나요?"

처음 보는 사람에게 다소 무례한 부탁이고 부담스럽지 않을까 걱정하며 물었다. 어르신들께 기쁨을 드리고 싶다는 욕심에 나로서는 큰 용기를 냈다.

"그럼요!"

선생님은 흔쾌히 수락했고 2024년 여름부터 한 달에 한 번 요양원에서 와서 어르신들의 얼굴을 그려주신다.

"이게 나야? 예쁘게도 그렸네…."

"어쩌면 그림을 이렇게 잘 그려?"

"너무 예쁘잖아! 내가 아니야."

"내가 이렇게 젊어?"

"너가 나냐?"

솜씨 좋은 선생님께서 완성한 그림을 보면서 어르신들은 소년소녀처럼 밝게 웃으신다. 선생님이 바쁠 때는 사회복지사 선생님께 어르신들의 사진을 부탁해 전송받은 사진을 보고 그림을 그린 후 액자에 넣어 직접 배달해 주신다.

그림이 오는 날이면 나와 선생님들은 어르신들이 어떻게 표현되었을까? 과연 어르신과 닮았을까? 많이 궁금해하고 설렌다. 어느 때는 어르신들보다 우리가 더 그림을 기다린다. 그리 **19**

고 도착한 그림을 받아 들고 영락없이 닮은 모습과 어르신들의 특징을 잘 표현한 그림을 보고 탄성을 지른다.

"어르신을 만나니 어떠세요?"

"항상 봉사하고 싶다는 마음만 갖고 있었는데 여기 와서 봉사하니까 너무 좋아요. 제가 잘하는 일로 어르신을 기쁘게 해드리니까 보람도 있고요."

그날도 생신을 맞은 어르신들을 그려드리고 있는데 한 어르신이 주변을 계속 맴돌았다. 가려다가 다시 와서 그림 그리는 걸 보시고, 또 가려다가 보시고…. 한참을 서성이다가 나에게 어렵게 말을 건네셨다.

"원장님, 나도 그림 하나 그려주면 좋겠는데…."

생신인 어르신들만 그려드릴 수 있다고 설명해 드리고 어르신 생신이 언제인지 여쭤봤다.

"그럼, 내년 2월에 꼭 그려드릴게요. 어르신, 조금만 기다리세요."

그러자 선생님이 다가와서 귓속말로 말했다.

"저렇게 원하시는데 다른 어르신들 몰래 그려드릴까 봐요."

"그러면 좋은데, 생일 선물로 드리는 거라서요."

선생님은 잠시 고민하다가 다시 이렇게 말했다.

"그렇긴 한데 저 어르신이 내년에도 계실지 알 수 없다는 생각이 들어요. 그때 가서 안 계시면 너무 속상할 거 같은데 원장님 생각은 어떠세요?"

내가 원칙만 생각할 때 선생님은 내가 생각하지 못한 것까지 생각하셨다. 선생님의 말씀이 옳았다. 그림 한 장 못 그려드리고 원칙만 지켰다고 생각하면 얼마나 속상한 일인가!

나는 선생님 뜻대로 하시라고 말씀드렸고 선생님은 다른 어르신의 그림을 모두 그려드린 다음에 따로 부탁했던 어르신을 그려드렸다. 어르신은 그림을 받아 들고 한참 바라봤다. 그림이 아주 마음에 든다고 하시면서 다른 어르신들에게 비밀로 하겠다고 검지를 세우고는 '쉿!'하는 제스처를 보여주셨다.

문득 어르신들이 좋아하는 건 완성된 그림보다 그림을 완성하는 과정이 아닐지 생각했다. 사랑과 관심에 목마른 어르신들을 주의 깊게 관찰하는 사람은 많지 않다. 누가 어르신의 얼굴을 그렇게 찬찬히 바라봐 줄까? 누가 그들의 작은 점과 검버섯과 기미를 바라봐 줄까? 눈의 깊이, 미소 띤 입가, 창백한 뺨, 무언가 말하고 싶어 오물거리는 입술….

어르신 중에는 더러 표정이 없는 분도 있다. 머리숱이 없어서 초라해 보이기도 하다. 하지만 선생님은 과거에 아름답고 고왔을 얼굴들을 상상하며 최대한 밝게 그려드린다. 머리숱도 채워드리고 야윈 뺨에는 살도 붙인다. 코에 꽂힌 콧줄도 빼 드린다. 초점 없는 눈동자에는 하트도 그려 넣어서 반짝거리게 한다. 어르신들은 그림 속에서만은 아프지 않고 슬프지 않고

21

걱정 없는 환한 얼굴이다. 밝고 생기있게 다소 과장되게 그렸지만 누가 봐도 어르신의 얼굴이다. 똑 닮았다. 아주 젊은 날의 얼굴은 아니지만 그렇다고 그림 속의 얼굴이 지금의 얼굴과 동떨어져 있지는 않다.

선생님은 캐리커처를 다 그린 후 정성껏 이름을 써주셨다. 캘리그라피도 하시는 분이라 글씨가 어찌나 맵시 있고 우아한지 모른다.

햇살 같은 길순
눈부신 일녀
행복해요 명자
즐거운 인생 정순
나에게 다정한 기옥
꽃보다 예쁜 경자
오늘도 맑은 덕서

어르신들은 그림에 한 번 웃고 메시지에 또 웃는다. 그러나 캐리커처를 그리는 선생님의 눈에는 눈물이 그렁그렁 맺혀 있다.

"자꾸 우리 엄마가 생각나요. 엄마도 연세가 드셔서인지 예
전 같지 않으시거든요. 자꾸 뭘 잊어버리시고. 어르신들을 보

고 있으면 우리 엄마의 미래일 수도 있다는 생각에 마음이 무거워요."

돌아가는 길에 선생님은 말씀하셨다.

"우리 어르신들 웃는 모습이 너무 고우세요. 아프지 말고 건강하시길 기도할게요."

선생님의 캘리그라피 글처럼 우리 어르신들이 햇살 같고, 눈부시고, 행복하고, 즐겁고, 다정하고, 꽃보다 예쁘고, 오늘도 맑기를 기도한다.

뚱이와
수박

✈

클래상스요양원에는 하늘공원이라는 이름의 정원이 있다. 어르신들을 위해서 화사한 꽃, 푸른 관목, 그리고 잔디밭이 만들어낸 오솔길까지. 규모는 크지 않지만 아기자기하게 꾸며져 있다.

비록 어르신들이 직접 이 길을 걸을 수는 없지만 오솔길을 바라보는 것만으로도 마음에 작은 행복이 깃들기를 바라면서 만든 공간이다. 정자와 그네도 있어서 가족들이 면회를 올 때 이곳에서 시간을 보내며 따뜻한 추억을 쌓을 수 있다.

손꼽아 기다렸던 면회하는 날이 오면 어르신과 가족들은 하늘공원 정자에 빙 둘러앉는다. 식구들이 집에서 준비해 온 과일과 음식을 먹으며 시간을 보낸다. 그네는 두 사람이 앉을 수 있도록 긴 의자로 되어 있어서 나란히 앉아 이야기도 나눌 수 있다. 어지러워서 못 타는 어르신도 있지만 움직일 수 있는 분들은 어린 날을 생각하며 그네를 타고 자녀들이 밀어 주기도 한다. 그렇게 어르신들이 아들딸과 단란하게 앉아서 담소를 나누는 모습은 언제 봐도 흐뭇하다.

어느 여름날 하늘공원에 예상하지 못한 생명체가 등장했다.

"저거 뭐야? 수박인가?"

"어 그러네, 정말 수박이네."

어르신이 가리키는 곳을 내려다보니 잔디 위에 넝쿨이 깔려 있고 그 끝에 수박이 열려 있었다. 어른 주먹보다 약간 큰 수박이었다. 보통 마트에서 파는 수박보다 훨씬 작았다. 수박을 심은 적이 없는데 왜 이곳에 수박이 열렸을까?

곰곰이 생각해 보니 범인은 뚱이다. 뚱이는 우리 집에서 키우는 반려견으로 뭐든 잘 먹고 건강하고 정말 순한 녀석이다. 사람을 좋아해서 하늘공원에 데려가면 어르신들을 졸졸 따라다닌다.

"고놈 참 귀엽고 착하네."

어르신들도 뚱이에게 칭찬을 아끼지 않았다. 주말에 산에 갈 때 반려견 몇 마리와 같이 산에 오르는데 뚱이는 다른 강아지가 뒤처지면 뒤에서 챙겨줄 정도로 착한 녀석이다. 이런 뚱이가 집에서 수박을 먹고 하늘공원에 와서 똥을 누었는데 그 안에 있던 수박씨가 싹을 틔우고 열매를 맺어 수박이 열린 것이다.

25

어르신들이 작은 수박이 너무 신기하다며 한참 동안 구경하셨다. 수박 하나로 그렇게 환하게 웃을 수 있다니! 어르신들의 주름진 얼굴이 천진한 아기 얼굴 같았다. 작지만 생명력이 가득한 열매 하나가 모두에게 얼마나 큰 기쁨을 주었는지! 밭이 아니라서 기름진 땅도 아닌데 이렇게 열리니 기특하기 그지없다.

늦여름 수박을 수확할 때가 돼서 어르신들과 함께 조그만 수박을 잘라서 먹어 보았다. 시원하고 달콤한 맛에 모두가 감탄했다. 작은 열매가 만들어낸 행복이 그 어떤 값비싼 과일이 주는 만족보다 훨씬 컸다.

"뚱이야, 내년에도 수박이 다시 열릴까? 뚱이가 또 씨앗을 심어 줄 거야?"

뚱이에게 물었더니 작은 혓바닥을 내밀고 눈을 똥그랗게 뜨며 활짝 웃었다.

'네, 엄마! 노력해 볼게요.'

꼭 이렇게 대답하는 것 같았다.

하늘공원에서의 작은 기적은 우리에게 자연의 순환과 삶의 기쁨을 다시금 일깨워 주었다. 뚱이의 씨앗이 만들어낸 수박처럼, 우리도 삶의 작은 씨앗들을 소중히 여기고 가꾸며 살아가야겠다. 결국 그 작은 씨앗들은 우리에게 큰 행복으로 돌아올 테니까.

어르신은
시인

어느 날 한 어르신께서 무심히 던지신 말 한마디가 마음 깊숙이 스며들었다.

"바람이 부는 건 늘 이유가 있어. 꽃잎을 떨구기도 하고 먼지를 털어내기도 하지."

그 단순한 말 속에 담긴 깊은 철학은 마치 시의 한 구절 같았다. 종종 노인들의 말이 세월의 결이 느껴지는 시처럼 들린다. 그들의 목소리에는 삶의 경험과 지나온 날들의 지혜가 농축되어 있다.

어르신들과 이야기를 나누다 보면 그분들이 무심코 내뱉는 한 마디의 말이 너무 좋아서 메모하려고 펜과 종이를 찾게 된다. 어쩌면 그렇게 시인 같은 말씀을 하실까. 마치 일본의 하이쿠를 읽는 듯한 짧고도 선명한 울림이 있다. 창밖을 보다가, 밥을 먹다가, 산책 중 문득 내뱉는 짧은 말들 속에 어르신들의 철학과 사유가 배어 있다. 그 무엇도 의도하지 않은 듯 내놓은 말들이 시가 되어 내 마음에 콕 박히곤 한다.

몇 해 전에 경북 칠곡에 사는 할머니들이 시집을 냈다는 기사를 접한 적이 있다. 평생 까막눈으로 살아온 할머니들이 팔순을 넘어 한글을 배웠다는 내용이다. 할머니들은 처음으로 자기 이름을 쓰며 일기를 쓰고 마음을 담아 시를 쓰기 시작했다고 한다. 그 시들은 《시가 뭐고》, 《콩이나 쪼매 심고 놀지 뭐》, 《작대기가 꼬꼬장 꼬꼬장해》의 제목의 시집으로 묶였고, 얼마 전에는 그 시들이 2025년도 중학교 교과서에도 실린다는 소식까지 들려왔다.

80이 너머도
어무이가 조타.
나이가 드러도 어무이가 보고시따
어무이 카고 부르마
아이고 오이야 오이야
이래 방가따.

이원순 할머니의 시 《어무이》다. 틀린 맞춤법조차 사랑스러울 정도로 정감이 가득하다. 또 다른 시에서는 이렇게 말한다. "심장이 쿵덕기린다. 도둑질핸는 거보다 더 쿵덕거린다"라며 **29**

처음 남편과 손잡던 날을 회상하거나, "도래꽃 마당에 달이 뜨마 영감 생각이 더 마이 난다"라며 먼저 떠난 남편을 추억하기도 한다.

일본에서도 비슷한 이야기가 있다. 시바타 도요 할머니는 91세에 처음 시를 썼다. 아들의 권유로 시를 쓰기 시작한 그녀는 98세에 첫 시집을 발간했는데 그 시집은 무려 158만 부가 팔리며 일본 문학계에 새로운 바람을 일으켰다고 한다. 할머니의 시 《약해지지 마》는 이렇게 시작한다.

'있잖아/ 불행하다고/ 한숨짓지 마/ 햇살과 산들바람은/ 한쪽편만 들지 않아/ 꿈은/ 평등하게 꿀 수 있는 거야./ 나도 괴로운 일도 많았지만/ 살아 있어 좋았어./ 너도 약해지지 마'

시바타 할머니를 시작으로 '아라한(Around Hundred)' 작가들이 일본에서 이어졌고, 93세 사토 아이코의 《90세, 뭐가 경사냐》는 2017년 일본 베스트셀러 1위를 기록하며 많은 이들에게 감동을 전했다. 누군가의 말처럼, 젊음이 자연의 선물이라면 나이 듦은 예술 작품일 것이다.

언젠가 기회가 된다면 요양원 어르신들의 말씀을 기록해 묶어 보고 싶다. 한 분 한 분의 귀한 시 같은 말씀들을 묶어 가족들에게 선물하고 싶다. 그 말들은 단순한 대화가 아니라, 세월과 삶의 지혜가 담긴 살아 있는 시이기에.

어르신들과 이야기를 나누다 보면
그분들이 무심코 내뱉는 한 마디의 말이 너무 좋아서
메모하려고 펜과 종이를 찾게 된다.
어쩌면 그렇게 시인 같은 말씀을 하실까.

Bluebonnets at Dawn, North of San Antonio

직무 유기

아버지는 연세가 팔순을 훌쩍 넘으셨지만, 새소
망요양원에서 근무하신다. 가끔 클래상스요양원에도 들러 여
러 가지를 살피시며 어떻게든 딸이 하는 일에 도움을 주려고
하신다. 손재주가 뛰어나신 아버지는 요양원에 고장이 난 물
건을 고쳐주시기도 하고, 청소도 해주신다. 어느 날 아버지께
서 하신 한 마디가 내 마음 깊은 곳을 울렸다.

"사람은 관심을 주지 않으면, 사랑이 고프면 '나는 누구지',
'나는 왜 여기 있지?' 하며 멍하니 있게 돼."

그 말은 단순한 충고가 아니라, 어르신들이 겪고 있는 내면
의 고통과 외로움을 이해하는 말이었다.

어디선가 이런 말을 들은 적이 있다. 젊은이들에게 멍때리는
시간은 창의적인 시간이 될 수 있지만 노인들은 다르다고 한
다. 노인이 멍때리는 시간이 길어지면 뇌가 활동하지 않게 되

고 그로 인해 치매와 우울증에 걸리기 쉬워진다는 것이다.

우리 요양원을 방문하는 사람들은 이곳 어르신들의 표정이 밝다고 말한다. 그런 말을 들으면 기분이 좋아진다. 처음 어르신을 돌보는 일을 시작했을 때, 나는 어르신들의 무표정한 얼굴을 보고 놀랐다. 아무런 감정이 느껴지지 않는 그 얼굴들은 마치 세상의 모든 감정을 잃어버린 듯했다.

어느 날 식사하는 한 어르신의 모습을 보고 가슴이 내려앉았다. 무표정하게 숟가락으로 밥을 떠서 입으로 넣는데 그 모습이 마치 로봇 같았다. 초점 없는 눈으로 그저 본능에 따라서 살기 위해 밥을 떠먹고 계셨다. 마치 영혼이 없는 듯한 모습이었다. 침과 밥을 흘리셨지만, 닦을 생각조차 하지 않으셨다. 아무런 의미도 없이 그저 살아 있으니까 밥을 먹는 것 같았다. 어르신에게는 희망이 없어 보였다.

그날 밤 나는 기도하면서 눈물을 쏟았다. 내가 과연 진심으로 어르신들을 섬기고 있는지 돌아보았다. 그러면서 어르신들이 생기를 찾고, 그분들의 마음에도 희망이 있기를 간절히 기도했다. 그분들이 감정을 되찾고 주님을 만나 천국에 대한 소망을 가질 수 있기를 바랐다. 생명을 부지하기 위해 마지못해 먹고 숨 쉬는 그 표정을 떠올리며 나는 내가 하는 일에 대해 깊이 반성했다.

아버지의 말씀이 다시 떠올랐다. 33

"사람은 관심을 주지 않으면, 사랑이 고프면 '나는 누구지', '나는 왜 여기 있지?' 하며 멍하니 있게 돼."

그분의 무표정이 나의 직무 유기의 결과 같았다. 표정 없는 얼굴을 마주할 때마다 나는 어떻게 하면 이분들의 표정을 조금이라도 밝게 해줄 수 있을까 고민했다. 이들에겐 단순히 생리적인 돌봄 이상의 것이 필요하다는 생각이 들었다.

식물이 바람과 햇빛, 좋은 땅이 필요하듯 어르신들도 마찬가지였다. 요양원에 입소한 분들은 하루 종일 아니 몇 년 동안 외출 한번 제대로 못한 채 지내고 있었다. 그들에게는 작은 변화가, 심지어는 햇볕을 쬐는 나들이조차도 큰 생기와 활력을 불어넣을 수 있겠다는 생각이 들었다. 이런 내 마음을 어떻게 알았는지 아들이 내 고민을 해결해 주었다. 아들이 어르신 한 분씩을 모시고 근처 인천대공원으로 나들이를 가기 시작한 것이다.

햇빛을 받고 바람의 감촉을 느끼며 자연과 접하는 그 순간, 어르신들은 너무 행복해하셨다. 얼굴에도 조금씩 변화가 나타났다. 조금씩 그들의 눈빛에 생기가 돌고 입가에 미소가 번지기 시작했다. 그 모습을 보면서 어르신들에게 건강한 자극이 절실하다는 걸 깨달았다. 그저 한 번의 외출이나 여행이 아니라, 다시 한번 "나는 존재하고, 여기에 있다는 것"을 느끼게 해
주는 경험 말이다.

어르신들에게는 진심 어린 관심과 교감으로 그들의 마음을 돌보는 손길이 필요하다. 요양원에서 어르신들의 표정이 조금씩 밝아지고, 그들의 삶이 조금씩 변화하는 것을 보며 나는 이 일의 의미와 중요성을 더욱 확신했다. 어르신들이 변할 힘은 바로 우리가 그들에게 보여주는 관심과 사랑에서 나온다고 믿는다. 작은 관심이 그들의 마음에 생기를 불어넣고, 삶의 희망을 찾게 해주는 사람이 되고 싶다.

어르신들에게 여러 가지 표정을 선물하고 싶다. 슬플 때는 눈물을, 기쁠 때는 웃음을 지을 수 있도록. 다양한 감정들이 그들의 표정에 담기기를 바란다. 그러려면 더 많이 손을 맞잡고, 따뜻하게 안아드리고, 눈을 맞추며, 말을 걸어드리고, 이름을 불러드려야 한다.

어르신들의 표정 있는 얼굴을 위해 오늘 무엇을 했는지 나에게 묻는다.

"오늘도 나는 후회가 없을 만큼 사랑을 드렸나?"

김장하는 날

아침부터 요양원의 조리실이 분주했다. 이날은 요양원 식구들 모두 함께 김장하는 날이었다. 이제 직접 김장하는 집이 많이 줄었다지만 내가 어릴 때만 해도 겨울이 되면 으레 해오던 일이라서 김장 자체가 특별할 건 없다. 그러나 이날은 요양원이 문을 열고나서 처음으로 어르신들까지 김장에 참여하기로 한 날이었다. 단순히 김치를 담그기만 하는 게 아니라 다 함께 겨울을 준비하고 옛날 추억도 떠올리며 온정을 나누는 특별한 이벤트인 것이다.

며칠 전부터 텃밭에서는 어르신들이 함께 배추를 뽑고, 무를 다듬고, 쪽파를 정리하며 바쁜 시간을 보냈다. 요양원 텃밭에서 직접 키운 배추, 무, 쪽파를 수확해서 김치를 담기 때문에 더 정성껏 준비했다. 조리사 선생님들은 배추를 절이고 양념을 만드느라 밤낮으로 고생하셨다. 조리사 선생님들은 일이 늘어났음에도 불평 한마디 없었다.

"이렇게 여럿이 하니까 얼마나 즐거워요?"

오히려 이렇게 말하면서 활짝 웃으셨다.

여러 사람이 함께 먹거리를 준비하면 마음까지 푸근해지는 것 같다. 어릴 때 할머니께서 "김칫독에 김치가 가득하고 쌀독에 쌀이 가득한 거만 봐도 든든하다."라고 하셨던 게 무슨 의미인지 이제야 알 것 같다.

예전 어린이집을 운영할 때 아이들에게 김장을 어떻게 하는지 가르쳐주기도 하고 김치를 담그기도 했다. 아이들은 흙이 묻은 배추, 잎이 달린 무를 처음 만져봤다고 했다.

"배추랑 무는 그림 카드로만 봤어요."

아이들은 신기한지 배추와 무를 덥석 껴안았다.

김치를 만드는 과정은 아이들에게 큰 공부가 됐다. 호기심을 자극하고 배추, 무를 만지며 맛보면서 느리지만 천천히 새로운 걸 배웠다. 그때 그 일을 경험하고 요양원에서도 김장을 함께 해야겠다고 생각했다. 일상이 단조로운 어르신들에게는 김장이 얼마나 신나고 즐거울까?

모든 준비가 끝나고 드디어 김장을 시작했다. 각 층의 공동 공간에는 식탁 위로 비닐이 깔리고 절임 배추와 양념을 차례로 나누었다. 어르신들은 직접 소를 넣으면서 옛 추억 속으로 빠져들었다.

37

"아이고, 옛날에 새댁일 때 새벽부터 일어나서 싹 다 준비했어. 배추는 또 얼마나 많은지…. 시어머니 잔소리는 왜 그렇게 많아?"

"지금은 시어머니도 없고 이렇게 다 준비해 주니 편하네!"

어르신들이 한바탕 왁자지껄하게 웃으셨다.

나는 오래전부터 교회에서 하는 반찬 봉사, 김장 봉사에는 빠지지 않을 정도로 음식 만드는 걸 좋아했다. 정말 음식이 맛있어서인지, 수고해 준 게 고마워서인지 주변에서 손맛이 좋다는 칭찬을 많이 들었다.

음식 만드는 일이 왜 즐거운가 하고 생각하면 역시나 마음이 푸근해지기 때문인 것 같다. 우리는 행복이 별거라고 생각하는데 사실 좋아하는 사람들과 둘러앉아서 맛있는 음식을 나눠 먹고 같이 웃고 떠들면 그게 행복이 아닐까?

그래서 요리도 수많은 심리 치료방법의 하나다. 특히 요리 테라피는 자연과 더불어서 내면적인 치유를 끌어내는 효과가 있다. 요리할 때는 오감을 모두 동원한다. 눈으로 보고 손으로 만지고 혀로 맛을 보고 코로 냄새를 맡고 음식이 만들어질 때 나는 소리도 듣는다. 이렇게 오감을 자극하고 자연을 이용할 수 있는 최고의 수단이 요리다. 게다가 우리처럼 텃밭에서 재료를 직접 가꾸어서 음식을 만들면 재활의 효과가 더 극대화된다.

정말이지 자연이 주는 혜택은 무궁무진하다. 자연을 활용한

테라피를 고민하다 보면 아이디어가 계속 샘솟는다. 우선 작은 화단이나 텃밭에 씨앗을 뿌리거나 모종을 심어 자라는 모습을 관찰할 수 있다. 새싹이 파릇파릇 돋아나고 꽃이 활짝 피면 손으로 만져보고 눈으로 구경할 수 있다. 겨울에는 봄이 되면 텃밭을 어떻게 가꿀지, 어떤 작물과 꽃을 심을지 계획하면서 즐겁게 보낼 수 있다.

김치를 담그는 어르신들의 손끝에 정성이 묻어났다. 서로 배추 한 장을 건네며 입어 넣어주기도 한다.

"한번 먹어봐. 이렇게 먹는 게 맛있어."

"속을 꽉꽉 채워야 맛있지."

한 어르신은 옆자리에 앉은 분에게 김치를 손수 먹여주며 농담을 건넨다.

"맛 좀 봐요. 내가 담근 게 제일 맛있을걸?"

그러면서 입가에 묻은 고춧가루를 닦아주기도 하고 서로의 얼굴에 묻은 양념을 보며 웃음이 터지기도 한다. 모처럼 요양원이 시끌벅적하다.

어르신들은 김장을 하며 젊은 날로 돌아간 듯한 활기를 되찾으셨다. 그리고 요즘에는 김장하는 집이 줄어든다고 아쉬워하신다.

"옛날엔 이렇게 온 동네 사람들이 모여 김장했는데, 그땐 힘들어도 다 같이 하니 재미있었지."

39

그날은 단순히 겨울에 먹을
김치를 담그는 날이 아니었다.
함께하는 기쁨을 나누고
추억을 되새기는 시간이었다.

Corn Fields

그날은 단순히 겨울에 먹을 김치를 담그는 날이 아니었다. 함께하는 기쁨을 나누고 추억을 되새기는 시간이었다. 김장이 어르신들에게 새로운 활력을 불어넣어 주었고, 조리실 선생님들과 직원들에게도 큰 보람을 주었다.

요양원에 계신 어르신들이 옛날 일을 떠올리고 추억만 회상할 것 같지만 그렇지 않다. 이곳에서도 북적거리며 소소한 추억을 만들고 또 훗날에 떠올리면서 미소지을 추억을 계속 만들고 계신다. 한 포기 한 포기 정성을 담아 완성된 김치가 김치통에 차곡차곡 담겼다. 이 김치가 요양원의 겨울을 책임진다고 생각하니까 그렇게 든든할 수 없다.

한 어르신이 말했다.

"김치는 버릴 게 하나도 없어. 익으면 볶아먹고 지져 먹으면 되겠네!"

김치가 곰삭은 묵은지가 되도록 우리 오래 함께해요, 어르신들.

찜질방,
행복한 쉼터

어르신들의 건강하고 행복한 삶을 위해 하늘공원 옆에 작은 공간을 만들었다. 바로 찜질방이다. 거동이 불편한 어르신들에게 찜질방에 가는 일은 결코 쉬운 일이 아니다. 그래서 나는 어르신들이 편안하게 찜질을 즐기면서 신체적, 정서적으로 회복할 수 있는 공간을 만들어보기로 했다.

찜질방은 피톤치드가 가득한 편백나무로 꾸몄다. 문을 열고 들어가면 나무 향기가 편안함을 준다. 많은 인원이 한 번에 들어갈 수 없어서 요양보호사 선생님들이 4~5명씩 그룹을 나누어 모시고 가서 이용하도록 했다.

찜질방에 실제로 온 것처럼 기분을 내보려고 찜질방에서 입는 옷도 마련했다. 반팔과 반바지 형태의 찜질복을 입고 수건으로 양머리를 만들어 착용한다. 어르신들은 서로의 모습을 보고 하하호호 웃으신다. 맛있는 간식이 빠지면 서운하다. 구운 계란과 식혜도 준비한다. 계란을 까먹고 목이 막히면 식혜를 마시며 이야기하며 시간을 보낸다.

찜질방은 단순히 몸만 따뜻하게 하는 곳이 아니다. 어르신들에게 신체적, 정서적으로 큰 도움을 준다. 찜질방의 열은 혈액순환을 촉진해, 혈액순환이 원활하지 않은 어르신들에게 도움이 된다. 또 찜질방의 열기가 근육을 이완시키고 피부도 건강하게 하고 몸과 마음의 스트레스를 해소하는 데 중요한 역할을 한다. 어르신들이 따뜻한 열기에 몸과 마음을 노곤하게 풀고 그 속에서 이야기를 나누면서 안정감을 느낀다. 찜질방에서 이런저런 이야기를 나누다가 견해 차로 때로 언성이 높아지기도 하지만 또 언제 그랬냐는 듯 화해한다.

나도 평소에 찜질방을 좋아하는데 그 안에 오래 있으면 답답할 때가 있다. 바깥이 잘 보이면 답답함이 훨씬 줄어든다. 게다가 요양원에만 있으면 시간이 어떻게 흐르는지 잘 모른다. 어르신들이 답답하지 않게, 또 계절이 변하는 걸 느낄 수 있게 찜질방에 통유리를 설치했다. 덕분에 찜질방 벤치에 앉아서 사계절의 아름다운 풍경을 볼 수 있다. 창 너머로 보이는 산의 변화를 따라가면서 사계절을 느끼고 그 변화 속에서 소소한 행복을 찾기를 바란다.

봄이 오면 산은 새로운 생명으로 가득 찬다. 겨울의 흔적은 사라지고 산은 푸르고 싱그러운 연둣빛으로 물든다. 새순이   43

돋는 모습을 보며, 어르신들께서는 가벼운 웃음을 짓는다.

"올해도 또 봄이 왔구나." 입가에 은은한 미소가 번진다.

어르신들은 찜질방 벤치에 앉아 산의 풍경을 바라본다. 봄바람에 흔들리는 나무들, 멀리서 들려오는 새들의 노래는 찜질방의 고요함과 어우러져 마음을 편안하게 한다.

여름의 산은 한껏 무성해진 나무들로 덮여있다. 산의 정수리가 짙은 초록으로 가득 차, 짙고 푸르른 색감이 찜질방을 가득 채운다. 벤치에 앉아 땀방울을 닦으며 산을 바라보면 그 푸르름 속에서 여름의 열기가 점차 가라앉고 따스한 햇볕이 내려앉는다. 여름 산의 기운은 조금 더 격렬하지만 그 안에서 또 다른 평온을 찾을 수 있다.

가을이 되면 산은 황금빛과 붉은색으로 물든다. 나뭇잎들이 하나둘 떨어지며 산의 풍경은 한층 아련하고 고요해진다. 찜질방의 온기와 가을바람의 차가운 기운이 함께 어우러져, 어르신들은 마음을 차분히 가라앉힌다. "이제 가을이구나. 색이 참 곱다." 가을 산은 그 어느 때보다 풍성하고 깊이 있다.

겨울이 오면 산은 고요하다. 눈이라도 내리는 날은 한 편의 수묵화를 보는 듯 마음이 평안하다. 눈 덮인 산을 바라보며 몸과 마음을 녹인다. 겨울 산은 차가운 외부와 따뜻한 내면을 연결해 주는 고요한 다리처럼 느껴진다. 어르신들께서는 벤치에 앉아 눈 내리는 풍경을 조용히 바라보며, 겨울의 고요한 시간

속에서 마음을 가다듬는다. 그 고요함 속에서 지나온 삶을 생각하는 듯하다.

이렇게 찜질방은 사계절 내내 어르신들의 마음을 어루만진다. 남들은 뭐하러 요양원에 찜질방까지 만들었냐고 하지만 찜질방을 만든 이유는 간단하다. 이 공간에서 어르신들이 조금 더 행복하고, 건강하게 사시기를 바라기 때문이다. 그리고 작고 소소한 기쁨을 마음껏 누리셨으면 좋겠다. 이곳이 친구를 사귀고 외롭지 않게 나이 들어가는, 어르신들의 놀이터가 됐으면 한다.

✈

친정 부모님은 거의 하루 종일 드라마 〈전원일기〉를 틀어놓는다. 드라마를 시청하는 게 아니라 그냥 틀어놓는 것에 가깝다. 알고 보니 다른 집도 〈전원일기〉를 틀어놓는 가정이 적지 않다고 한다. 우리 부모님 같은 고정 시청자가 많다고 한다. 지상파는 물론 유튜브, OTT 서비스까지 요즘처럼 볼 게 많은 세상에 이 촌스러운 드라마에 사람들이 매료되는 이유가 뭘까?

〈전원일기〉는 1980년 10월에 첫 방송을 시작해서 2002년 12월 1,088회를 끝으로 22년간 긴 방영을 마치고 막을 내린 국내 최장수 농촌 드라마다. 단편극이라서 편마다 주제와 스토리가 있고 연속성이 없어서 그냥 틀어놔도 아무 때나 보기에 부담이 없다. 이 긴 드라마가 방영되는 동안 나는 무엇을 했었나?

꿈 많던 아가씨 시절을 보내다가 남편을 만나 결혼하고 아이들이 태어나는 등 인생에 많은 변화가 있었다. 양촌리의 일용이, 응삼이, 귀동이, 창수, 명석이, 용식이 같은 캐릭터는 마치 먼 친척이라도 되는 양 익숙하고 정겹다.

요즘에는 고향에 가도 어디에서도 예전의 그 정겨운 풍경을 찾아볼 수 없다. 어쩌면 부모님도 옛 고향이 그리워서 드라마를 통해서나마 추억을 회상하는 건지도 모른다. 친정에서 부모님과 한 편을 함께 봤는데 그편에서는 크리스마스 캐럴이 울리며 양촌리 젊은이들이 둘러앉아 음식을 먹으며 덕담을 나눴다. 1985년 새해를 위해 건배하는 것을 보니 배경이 1984년인 것 같다.

'그때 나는 어디서 뭘 했더라? 부모님은 또 뭘 하셨더라?'

〈전원일기〉는 한마디로 말해서 촌스럽다. 하지만 그 촌스러움은 지금도 여전히 시청자를 끌어당길 정도로 매력 있다. 촌스러움에 밴 사람 냄새, 땅 냄새에 대한 그리움이야말로 이 드라마에 빠져드는 핵심 요소다.

또 한 가지 더 덧붙이면 이 드라마에는 향수가 있다. 가족, 친구, 논, 밭을 향한 진한 향수가 드라마에 잔잔하게 깔려있다. 우리 부모님도 자식들을 다 내보내고 두 분만 사시는데 어쩌면 시끌벅적한 대가족과 이웃이 그리운 게 아닐까? 어쩌면 〈전원일기〉를 하루 종일 틀어놓는 사람은 정이 그립다는 뜻인지도 모른다.

그런데 비단 노인만 정이 그리운 건 아닌가 보다. 하루는 딸이 집에서 집중해서 영화를 보는데 영화 내내 젊은 아가씨가 농촌에서 농사짓고 있었다.

"이게 무슨 영화니?"

딸이 〈리틀 포레스트〉라고 제목을 알려줬다. 이가라시 다이스케의 일본 만화를 임순례 감독이 리메이크한 영화였다. 주인공은 공무원 시험에 떨어져서 취업에 실패하고 고향에 내려온다. 주인공이 혼자 밥을 차리고 챙겨 먹는 소소한 일상을 잔잔하게 그려낸 영화였다.

도시를 떠난 주인공은 요리할 시간이 넘쳐난다. 제 입에 들어갈 먹거리를 제 손으로 마련해 요리하고, 남는 시간엔 친구들과 수다도 떤다. 영화는 계절과 함께 천천히 흘러가는 시간에 집중한다. 딱히 극적인 사건도 없고 반전도 없는 영화였다. 그런데도 딸과 함께 아름다운 시골 풍경과 평화로운 분위기에 매료되어 홀린 듯이 집중해서 영화를 봤다.

영화가 주는 메시지는 어렵지 않다. 이 영화는 포기가 꼭 나쁜 것만은 아니라고 말한다. 포기를 통해서 자신에게 가까워지고 편안해질 수 있다. 또 돈으로 살 수 없는 중요한 것도 있다고 강조한다. 내 입으로 들어가는 밥을 천천히, 정성껏 만들어보는 경험과 같은 본질적인 것, 돈벌이보다 중요한 것, 진짜 아름다운 것을 일깨워준다.

'어르신들은 농촌이 그립지 않을까?'
그래서 생각한 게 텃밭 가꾸기이다.
아쉬운 대로 작은 텃밭이라도 가꾸면
어르신들이 그리워하는 고향을
더 가까이에서 느낄 수 있지 않을까?

Haytime

이 영화의 주인공은 특별한 능력은 없지만 농촌에서 땀 흘려 일하면서 도시에서 완전히 잊고 살았던 행복을 느낀다.

영화를 보면서 요양원의 어르신들을 떠올렸다.

'어르신들은 농촌이 그립지 않을까?'

그렇다고 어르신들을 모두 농촌으로 모실 수도 없고 요양원을 농촌에 옮길 수도 없다. 그래서 생각한 게 텃밭 가꾸기이다. 아쉬운 대로 작은 텃밭이라도 가꾸면 어르신들이 그리워하는 고향을 더 가까이에서 느낄 수 있지 않을까?

인간은 녹색식물과 환경을 가까이 접하고 식물과 동물을 기르고 돌보는 행위를 통해서 심리적 안정감과 신체적 능력, 인지능력이 좋아진다고 한다. 또 인간관계도 좋아지고 우울증도 예방하는 등의 효과가 있다.

자연에 대한 인간의 선천적인 애착을 뜻하는 바이로필리아(Biophilia) 이론이 있다. 이 이론에 따르면 인간이 자연과 함께하면 정서적으로는 안정감, 주의력, 집중력이 높아지고 피로가 감소한다. 또 논리력, 창의력, 기억력이 좋아지고 신체적으로 건강해지고 스트레스는 줄어드는 등의 긍정적 효과가 있다.

요양원 텃밭에 블루베리, 상추, 오이, 방울토마토, 쑥갓, 고추 등 온갖 채소와 과일을 심었다. 여름이 지나고 배추, 무, 쪽파도 심어 늦가을에 수확하고 김장까지 어르신들과 함께했다. 어르신들은 저마다 농업 전문가였다. 농사를 지어본 분도 있고 텃밭을 일궈본 분도 있어서 노하우가 보통이 아니었다.

"이 싹튼 거 좀 봐, 너무 예뻐."

"쌀알만 한 씨앗에서 어떻게 이런 게 올라와서 열매가 열리지?"

어르신들은 자연의 선물 앞에서 연신 '신기하다', '예쁘다', '대견하다'라는 칭찬을 아끼지 않으셨다. 블루베리를 따 먹으며 '맛있다'라고 감탄하셨다. 처음 본 광경도 아닌데 어찌나 깊이 감동하고 기뻐하시는지 지켜보는 나도 덩달아서 뿌듯했다. 하루는 싱그러운 상추를 한가득 뜯어서 저녁 밥상에 올렸다. 직접 키우고 수확한 상추라서 그런지 어르신들 식사 속도가 평소보다 빨랐다.

"너무 크게 쌌나 봐, 입이 터질 것 같아."

"상추를 많이 먹어서 잠이 잘 오겠다!"

아이처럼 말하며 하하 크게 웃으셨다. 상추 이파리가 그 어떤 꽃보다 예쁘고 귀하게 느껴졌다.

51

2부

오늘도 요양원은
맑음

오늘은 저랑
데이트해요

🛩

　을왕리 해수욕장 근처에는 물회를 맛있게 하기로 소문난 집이 있다. 해산물을 좋아하는 아이들이 거기서 점심을 먹자고 졸랐다. 음식 맛이 소문나면서 줄이 너무 길어져서 선뜻 가기 망설여졌다. 그래도 아이들이 가자고 하니 어쩔수 없이 한 시간 가까이 기다려서 식당 안에 들어갔다.

　이 집의 최고 인기 메뉴인 물회와 해물파전을 시켰다. 물회는 신선한 전복, 멍게, 문어, 광어회, 숭어회를 아낌없이 썰어 넣어서 건더기만 건져 먹어도 배가 부를 정도이다. 여기에 해물을 푸짐하게 넣고 기름에 고소하게 지진 바삭한 파전 한 입을 베어 물면 오래 기다린 시간이 아깝지 않다.

　물회를 맛보면서 부모님이 떠올랐다. 나 혼자서 아이들과 맛있는 걸 먹으면 부모님이 좋은 곳에도 많이 못 가시고 맛있는 음식도 많이 못 드신 게 그렇게 마음에 걸릴 수가 없다. 그래서

54

바로 그다음 주말에 부모님을 모시고 가서 물회를 사드렸는데 어찌나 잘 드시는지 왜 진작 모시고 오지 않았나 후회가 될 정도였다.

나는 항상 좋은 걸 보면 부모님을 떠올리는데 요양원을 운영하고부터는 요양원에 계신 어르신들도 생각난다.

그렇게 해서 아이디어를 낸 이벤트가 '맛집 데이트'이다. 일주일에 한 분씩 어르신을 바깥으로 모시고 나가서 드라이브도 하고 바깥 구경도 하고 마지막으로 맛집에서 맛있는 음식도 함께 먹는다. 보호자가 자주 방문하지 못하거나 연고가 없으신 분들과의 데이트는 이렇게 해서 시작되었다.

"어르신 드시고 싶은 게 있나요? 오늘 우리 데이트하면서 맛있는 거 먹어요?"

그러면 어르신들은 손사래를 치며 사양하셨다.

"나 먹고 싶은 거 없어. 입맛도 없어"

말씀은 그렇게 하시지만 얼굴에는 설렘이 가득하다. 그리고 차를 타고 가는 내내 쉬지 않고 이야기를 하신다. 원래 이렇게 이야기를 잘하셨나 싶을 정도로 옛날이야기를 끝없이 늘어놓으신다.

"나 어릴 적엔 여기가 다 논밭이었어. 그러다 인천 시내로 나가서 살았지. 거기서 여관을 하기도 하고, 장사도 하고. 참, 세월이 어찌나 빠른지…."

55

바람난 남편 이야기, 아무것도 없는 집안에 시집와 시동생들 뒷바라지한 이야기, 남편을 잃은 후 재혼할 기회가 있었지만 딸을 위해 포기했던 이야기 등 다양한 사연을 듣게 된다.

"자식 하나만 바라보고 살았는데… 그게 아니었어. 내 삶도 좀 살걸. 좋은 사람 만나 다시 결혼도 할걸."

후회 섞인 이야기를 꺼내놓는 분들도 있다.

그렇게 한참을 달려서 을왕리 해변도 걷고 시원한 바깥 공기를 마음껏 쐬고 나면 점심 먹을 시간이 된다. 맛집에서 부모님께 사드린 것과 똑같이 물회와 해물파전을 한 상 주문했다. 그 집에만 가면 어르신들이 어찌나 잘 드시는지 더 빨리 모시고 오지 못한 게 죄송할 정도다. 외식이 워낙 오랜만이어서 그럴 수도 있고 간이 심심한 요양원 음식에 비하면 매콤달콤하고 자극적인 음식이 입맛을 돌게 하는 것 같기도 하다.

"천천히 꼭꼭 씹어 드세요. 다음에 또 모시고 올게요."

부모님을 모시고 외식할 때도 느끼지만 효도라는 건 사실 별것 아니다. 함께 새로운 곳에 가고 맛있는 음식도 먹고 이런저런 이야기를 나누기만 해도 어르신들은 아이처럼 기뻐하신다.

요양원을 운영하면서 어르신들과 함께 다양한 식당을 다녔다. 여름에는 물회, 막국수, 삼계탕을, 겨울에는 보리굴비와 간장게장을 즐겼다. 감자옹심이, 연잎밥, 대통밥, 오리백숙처럼 특별한 음식들도 어르신들 덕분에 맛볼 수 있었다. 처음엔 입

맛이 없다며 망설이시던 어르신들도 막상 드시기 시작하면 맛
있게 식사하셨다. 만족스러운 얼굴을 볼 때마다 나 또한 행복
감에 가득 차곤 했다.

어느덧 늦은 오후, 요양원으로 돌아가는 길이면 해는 서해
너머로 저물어가며 하늘을 붉게 물들였다. 석양을 바라보며
자연스럽게 우리 삶의 마지막 순간이 떠올랐다. 노을처럼 아
름답고 평온하게 마지막을 맞이하길 바라며, 나는 어르신들이
주님의 품에 안기기까지 사랑으로 돌보고 싶다. 길을 잃지 않
고 행복한 쉼으로 가실 수 있도록, 한 분도 빠짐없이 그 여정을
함께하고 싶다. 이 사명감이 지치고 힘들 때마다 나를 다시 일
어서게 하고, 오늘도 어르신들과의 데이트를 이어가게 한다.

"오늘은 저와 데이트하는 날이에요."

이렇게 함께 걷고, 함께 나누고, 함께 웃는 시간이 어르신들
에게는 소중한 하루가 되고 나에게는 평생 잊지 못할 추억이
된다.

57

나의 루틴

우리 삶은 반복의 연속이다. 어제가 오늘 같고 오늘이 내일 같고 대체로 평범하다. 어느 날은 그 평범함이 지겨움이 되기도 한다. 한 살씩 나이를 먹을수록 그 속에는 특별함을 찾으려는 노력이 중요하다는 생각이 든다. 이 평범한 하루를 통해 내 삶을 새롭게 채우고 다듬어야 한다. 일상은 단조로운 반복이지만 나를 지탱하고 새롭게 하는 소중한 루틴으로 채울 수 있다.

나의 하루는 말씀 묵상으로 시작된다. 업무를 시작하기 전에 요양원 직원들과 말씀을 나눈다. 물론 신앙이 있고 원하는 사람들만 참여한다. 짧은 시간이지만 말씀 묵상으로 마음의 중심을 잡는다. 직장을 허락하신 하나님께 감사하고, 어르신들을 섬길 수 있는 마음과 사랑을 간구한다. 어르신들을 사랑으로 돌보겠다는 다짐으로 시작하는 이 순간은 하루를 여는 나의 열쇠와도 같다.

말씀 묵상이 끝나면 직원들의 보고가 시작된다. 전날 있었던 일, 어르신들의 건강 상태와 심리적 변화, 관계에 대한 보고를 받는다. 그 이후 목사님과 함께 요양원을 돌며 기도를 요청하는 분들이 있으면 기도해 드린다. 그 기도가 어르신들에게 작은 위로와 안정을 준다는 것을 느낄 때마다 내가 하는 일이 얼마나 큰 의미를 지니는지 새삼 깨닫는다. 한 분, 한 분의 이야기를 들으며 그들의 애로사항을 공유하고 공감하는 이 시간이 정말 소중하다.

이렇게 아침마다 요양원을 돌며 어르신들의 안녕을 확인한다. 이 일은 단순한 업무가 아니라 나의 마음 관리와 연결된다. 어르신들을 뵈면서 내 마음도 정화되고 그들에게 기쁨과 안정감을 줄 수 있음에 감사한다.

점심 후에는 요양원 가까이에 위치한 원적산에 오른다. 나에게 산행은 운동 이상의 특별한 의식이다. 몸과 마음을 함께 돌보는 귀중한 기회랄까. 비가 오나 눈이 오나, 가벼운 옷차림으로 산을 오른다. 비가 와도 우의와 우산을 챙기지 않는다. 그냥 내리는 눈과 비를 맞는 것도 나쁘지 않다. 오히려 내가 자연의 일부가 되는 것 같아서 좋다.

산에 오르면 생각이 깊어지고, 마음이 차분해진다. 요양원을 경영하면서 생기는 고민, 결정해야 할 일이 산에서 내려오면서   **59**

작고 소박한 루틴 속에서
나는 행복을 발견한다.
나누는 기쁨과 어르신들과의 교감,
기도로 이어진 하루는 나의 삶에
새로운 생기를 불어넣는다.

Poppy field

정리될 때가 많다. 내려오는 길에는 성경 말씀을 들으며 '내가 하는 일에 초심을 잃지 않고 잘해 나가고 있는지' 돌아본다.

퇴근 후 저녁에는 기도의 시간으로 하루를 닫는다. 기도 없이는 요양원 일을 해 나갈 수 없다. 아프신 어르신들, 천국으로 가실 날이 가까운 분들, 이미 떠나신 분들을 떠올리며 기도한다. 기도는 단순히 말로 하는 행위가 아니라 그분들에 대한 애정의 표현이다. 간절함을 담아 기도하면, 내 마음속에서도 더 깊은 사랑이 싹튼다. 기도는 나에게 위로와 힘을 준다. 그리고 그 시간이 없이는 하루가 온전히 마무리되지 않는다. 때로 이 루틴을 방해받는 날이면 하루가 헛되게 느껴질 만큼, 이 기도의 시간은 내 삶의 중심이 되었다.

남편이 세상을 떠난 뒤, 내 삶의 중심은 크게 바뀌었다. 물질과 겉으로 보이는 것을 쫓던 삶을 돌아보며 진정한 가치는 보이지 않는 곳에 더 있음을 깨달았다. 그 가치를 지키기 위해 단순하지만, 소중한 루틴을 지켜나간다. 나이 듦은 모두에게 공평하게 찾아오지만, 그 방식을 선택하는 것은 각자의 몫이다. 나는 나만의 루틴으로 매일의 삶을 다듬고 있다.

작고 소박한 루틴 속에서 나는 행복을 발견한다. 나누는 기쁨과 어르신들과의 교감, 기도로 이어진 하루는 나의 삶에 새로운 생기를 불어넣는다. 내 하루는 단조롭지만, 그 속에서 진정한 삶의 의미를 발견한다.

61

이름을
불러주었을 때

영매, 호님, 기순, 영숙, 옥례, 강택, 윤자, 순덕, 상심, 삼례, 춘례, 순심, 금자, 옥금, 옥심, 명자, 은자, 순자, 일녀, 길순, 차순, 만식, 청자, 창신, 건성, 충열, 익길, 덕서….

가끔 요양원에 계신 어르신들의 이름을 되뇌어 본다. 어르신들의 이름은 요즘 이름과는 다른 맛이 있다. 촌스럽지만 다정하고 순박하며 정겹다. 그 이름을 부를 때마다 그들 각각의 고유한 이야기가 떠오르며 마음이 따뜻해진다.

나는 요양보호사, 간호사, 복지사 선생님들에게 가능하면 어르신의 이름을 불러달라고 부탁한다. '금순 어르신', '흥기 어르신', '복순 어르신' 하고 부르면 어느새 서로 간의 거리가 가까워지고 친밀감이 생긴다.

첫 대면에서 "어르신 존함이 뭐예요?" 하고 물으면 어르신들의 눈빛이 반짝인다. 이름을 몰라서 묻는 것이 아니다. 당신들의 존재를 다시 한번 인식하게 하고 싶어서다. 이름을 물어보는 것만으로도 그들은 자신이 누군지 한 번 더 생각하고 누군가가 자신에게 관심이 있다는 사실을 인지한다. 이처럼 이름을 부른다는 건 그 사람의 삶과 존재에 대한 관심을 표현하는 일이다.

이름을 부르는 일은 사람을 구별하는 것 이상의 의미가 있다. 이름은 한 사람의 정체성을 드러내는 중요한 지표이고 그 사람의 존재감을 인정하는 행위이다. 이름을 부른다는 것은 그 사람을 존중해 주고, 그 사람에게 관심이 있다는 신호를 보내는 일이다. 그 사람과의 관계를 구체화하고 서로의 거리를 좁히는 일이다. 이름을 부를 때마다 우리는 그 사람에게 특별함을 느낀다. 이름을 부르면서 관계의 질이 높아지고 서로가 더욱 가까워지게 된다. 또 이름을 자주 부르면 자연스럽게 그 사람에 대한 관심이 커진다. 그 사람의 변화나 감정에도 더 민감해진다. 이름을 불러주는 사소한 일로 관계의 본질을 다질 수 있다.

이름에는 그 사람의 역사, 삶의 이야기가 깃들어 있다. 그래서 나는 종종 어르신들에게 가족들의 이름을 묻는다.

"엄마 이름은요?"

"따님 이름은요?"

"손자 이름 기억하세요?"

그러면 어르신의 얼굴이 밝아지고 눈이 반짝인다. 그 이름들을 떠올리면서 그들과 함께했던 추억도 한순간에 파노라마로 펼쳐진다. 기억이 흐려지기 시작한 어르신들에게도 가족들의 이름은 언제나 또렷하게 남아 있다. 가족들의 이름을 묻는 것은 그들이 지나온 시간을 되돌아보게 하는 일이기도 하다.

병실이 비슷하게 생겨서 어르신들이 길을 헤매는 일이 많다. 침대와 옷장을 찾지 못해서 당황해하기도 한다. 그런 어르신들을 위해 필요한 곳에 이름을 크게 인쇄해서 붙여 놓았다. 이름은 그들에게 길을 찾게 도와주는 나침반이 된 것이다. 어르신들은 적힌 이름을 보고 자기의 공간과 물건을 찾는다.

어쩌면 이름은 그 자체로 그들이 존재감을 찾을 수 있도록 돕는 힘이 아닐까? 나이가 들면 어린아이가 되는 어르신들, 어리광을 부리고 관심을 받으려는 어르신들이 있다. 나는 그럴 때 어르신들의 엄마가 되어 그들의 이름을 다정하게 불러주고 싶다.

"봉순아" "홍련아" "광록아"

이름을 부르면 그 이름 속에 담긴 사랑과 정이 한꺼번에 묻어난다. 가만히 이름을 부르면 그들을 향한 내 마음도 조금 더 깊어진다.

어르신들의 이름을 차례대로 부르며
오늘 하루 무탈하게 지내게 해주셨음에 감사드린다.
비록 부족하지만 내가 그들의 삶을 지지하는
버팀목 같은 사람이 되고 싶다는 소망이 차오른다.

À Travers Les Arbres, Île De La Grande Jatte

내가 그의 이름을 불러 주기 전에는/그는 다만/하나
의 몸짓에 지나지 않았다.//내가 그의 이름을 불러 주
었을 때,/그는 나에게로 와서/꽃이 되었다./

김춘수 시인의 《꽃》이라는 시처럼 어르신의 빛깔과 향기에
알맞은 이름을 불러 드리고 싶다.

매일 밤 나는 어르신들의 명단을 놓고 혼잣말하거나 기도
한다.

"복희 어르신, 오늘도 잘 지내셨나요?"

"종금 어르신, 편안한 밤 되세요."

"하나님, 흥기 어르신 오늘은 기침 없이 주무시게 해주세요"

또한 어르신들의 이름을 차례대로 부르며 오늘 하루 무탈하
게 지내게 해주셨음에 감사드린다. 때로는 그들의 이름을 부
를 때 내가 그들에게 힘이 되어주고 있다는 생각이 들기도 한
다. 비록 부족하지만 내가 그들의 삶을 지지하는 버팀목 같은
사람이 되고 싶다는 소망이 차오른다.

어르신들의 이름을 부르면서 나는 그들이 여전히 소중한 존
재임을 다시 깨닫는다. 저마다의 이름을 통해 서로가 얼마나
중요한 존재인지를 확인하고, 그 이름이 가진 의미를 되새기
며, 어르신들과 조금 더 가까워질 수 있기를 바란다.

제임스 딘
할아버지

요양원에서 '제임스 딘'이라고 불리는 어르신이 있다. 한눈에 봐도 인물이 좋아서 제임스 딘이라는 별명을 붙여드렸다. 언제부터인가 어르신은 나를 보면 "정릉에 가고 싶다."고 하셨다.

"정릉에 누가 계세요?"

이유는 말해주지 않았지만 몇 번이나 정릉에 가고 싶다고 하셔서 하루는 어르신을 모시고 무작정 정릉에 가서 밥을 먹었다. 잠시나마 정신이 맑아진 어르신은 조각난 기억이라도 떠올랐는지, 만나고 싶은 사람이 있다고 하셨다. 알고 보니 어르신이 아내와 사별하고 잠시 만났던 분이었고 그분이 정릉에 살고 있었다.

어르신은 천천히 걸음을 옮기며 기억을 더듬었다. 여자분의 집을 찾으러 이 골목 저 골목을 찾아다녔는데 쉽게 찾을 수 없

67

었다. 꽤 오랫동안 헤매다가 이제 더는 못 찾겠다 싶을 때, 어르신은 여기인 것 같다며 대문 앞에 멈춰 섰다. 다행히 그 집은 어르신이 찾던 집이었고 여자분도 마침 집에 계셨다.

마주 선 두 분은 한동안 말이 없었다. 그 옛날에 사랑했던 분인데 치매를 앓는다는 사실을 밝히고 싶지 않을 수 있다는 생각이 들었다.

"지금 좀 편찮으세요⋯."

여기까지만 말했는데도 여자분의 눈가에 물기가 고이는 것 같았다.

두 분이 그동안 쌓인 이야기를 마음껏 나누시도록 나는 밖으로 나왔다. 꽤 오래 기다리고서야 어르신이 나오셨다. 또 언제 만날 수 있을지 몰라서 두 분이 나란히 서 있는 모습을 핸드폰으로 찍어드렸다. 돌아가는 차 안에서 어르신이 느릿느릿 힘들게 인사를 건네셨다.

"고맙습니다. 죽기 전에 꼭 만나고 싶었어요⋯."

날씨가 제법 쌀쌀한데 어르신은 얇은 외투 하나만 겨우 걸치고 있었다. 그게 눈에 밟혀서 국도변에 있는 아웃렛에 들어가 점퍼를 하나 사드렸다. 어르신은 그 옷이 마음에 드는지 활짝 웃으셨다. 이번에도 포즈를 취해보라고 하고 사진을 찍어드렸다.

그날 소풍 같은 하루를 보내고 돌아오며 인생은 참 덧없다고 생각했다. 유행가 가사처럼 인생이란 빈손으로 태어나서, 옷한 벌 건지고 보고 싶은 사람을 눈에 담고 사진 한 장 남기고 이런저런 평범한 추억을 가슴에 안고 떠나는 거 아닐까.

노년에도 애틋한 사랑, 감정을 나누는 경험이 필요하다. 아니 노년이라서 더 사랑이 필요하다고 생각한다. 흔히 요즘은 백세시대라고 한다. 100살 넘게 사는 인생에서 자식이 가정을 만들어서 독립하고 배우자도 세상을 떠나면 노후가 얼마나 길고 외롭겠는가. 기나긴 노후에 즐기면서 살고 싶다는 사람들이 많아졌다. 일본의 지역 사회에서도 고령층 어르신들이 자연스럽게 만날 수 있게 자리를 만들어주는 추세라고 한다. 또 도쿄의 북쪽 스가모에는 노인 특화 거리가 있다고 한다. 이곳은 황혼 연애를 즐기는 연인들이 만나는 장소로 인기가 많다.

한편 미국에서는 노인들이 데이팅 앱으로 만나는 게 인기라고 한다. '범블'이라는 이름의 온라인 데이팅 앱을 통해서 어르신들이 만나고 젊은 시절보다 더 열정적인 연애를 즐기는 게 유행이라고 한다.

미국뿐만 아니라 세계적으로 데이팅 앱을 기반으로 한 그레이 로맨스 시장은 더 커지고 있다. 이혼이나 사별로 혼자 된 노인들이 데이팅 앱을 통해서 적극적으로 만나는 소개팅도 유행이라고 한다.

데이팅 앱이 유행하는 이유는 요즘의 노인이 예전에 비해 **69**

서 훨씬 젊기 때문이다. 고령자라고 해도 그 옛날에 비하면 정신적으로나 육체적으로 젊게 산다. 그래서 이성을 만나고 싶다는 욕구도 적지 않다. 옛날에는 '남사스러운 일'이라고 부끄러워했다면 지금은 황혼 연애도 아주 자연스럽다. 요양원에도 스마트폰을 잘 다루고 항상 외모를 깔끔하게 관리하는 어르신들이 많이 계신다.

젊은 사람들이야말로 사랑과 연애에 관해 편견을 갖기 쉽다. 보통 사랑이라고 하면 청춘 남녀의 전유물이라고 생각한다. 그러나 사랑은 나이와 상관없이 누구나 할 수 있는 아름다운 일이다.

노년에는 병마와 싸우고, 외로움과 싸우면서 죽음과 점점 가까워지는 게 사실이다. 그렇다고 해서 사랑의 세포마저 늙고 병드는 건 아니다. 황혼기에 새로운 인연을 만나서 설렘의 감정을 느끼고 서로 말벗이 되면서 재미있게 여생을 보낼 수 있다.

제임스 딘 어르신은 그 뒤로도 정릉에 갔던 날 선물했던 외투를 자주 꺼내입으셨다. 기분이 좋고 정신이 맑은 날이면 점퍼를 꺼내 입고 거울 앞을 떠나지 않으셨다.

"어르신, 또 정릉에 가고 싶으세요?"

"정릉? 아니야, 한 번 만났으면 됐지 뭐 하러…."

말씀은 그렇게 하시는데 어르신의 얼굴이 살짝 상기된 것 같았다.

"또 가고 싶으시면 언제든지 얘기하세요. 제가 시간 내서 모셔다드릴게요."

몇 번이나 이렇게 말해도 어르신은 그때마다 아무런 대꾸도 하지 않으셨다. 대신 입꼬리가 올라가며 은은하게 미소지으셨다.

유난한 사랑

'자식이 아프면 가슴이 아프고 부모가 아프면 머리가 아프다.'

슬프면서도 현실을 그대로 드러내는 말인 것 같다. 그러나 모든 자식이 이기적인 것은 아니다. 그렇지 않은 자식도 있다. 요양원을 운영하면서 부모에게 각별한 자녀들을 본다. 그건 그만큼 부모가 자녀들에게 사랑을 주었기 때문일 것이다.

"핸드폰을 거치대에 하나 설치해 주세요. 가족들과 영상 통화할 때 불편하거든요."

"극동방송을 틀어주시면 좋겠습니다."

"아버지의 하체 근력 강화를 위해 매일 걷기 운동을 부탁드립니다."

"아버님 몸이 축축하게 젖어 계신 것을 확인했습니다. 신장이 좋지 않아서 한 달에 한 번은 주사가 필요한데 간호사님께 꼭 좀 전달 부탁드립니다. 수액은 주에 한 번, 영양 주사액은 10일에 한 번 부탁드립니다."

"폭력적이거나 자극적인 게임, 영화 등의 시청은 삼가면 감사하겠습니다."

요양원에서 일하면 보호자들의 다양한 모습을 접한다. 그중에서도 아침마다 문자를 보내고 세세하게 부모님의 상태를 점검하는 보호자들이 있다. 직원의 입장에서는 자잘한 부탁과 지적이 부담스러울 수밖에 없다. 하지만 이조차도 어떻게 보느냐에 따라 달라진다. 보호자들의 부탁 뒤에는 숨겨진 '깊은 사랑'과 '책임감'이 있다.

토요일 아침이면 요양원에 와서 피아노 반주로 예배를 섬겨주시는 분이 있다. 중학교 음악 선생님으로 일하시다 지금은 교장 선생님이 되신 분이다. 이분은 원래 우리 요양원 보호자로, 부모님 두 분을 하늘나라로 보내드렸다. 부모님은 떠났지만, 여전히 우리와 인연을 맺고 있다.

피아노 반주를 해주시는 분은 다른 자매들도 있다. 세 자매는 번갈아 가면서 매일 요양원에 출근하다시피 하며 부모님을 돌봤다. 셋이 번갈아 가면서 요양원에 와서 찬양하고 노래하고 놀다 가고 말벗도 해드리곤 했다. 부모님과 눈 맞추고 먹을 거리를 챙겨드리고 살뜰하게 보살폈다.

73

따님은 장례를 치르고 나서 나를 찾아왔다.
부모님을 잘 돌봐주셔서 감사하다는 인사를
몇 번이나 반복했다. 그리고 이곳에서
도움이 되는 일을 하고 싶다며
예배 때 피아노 반주를 하겠다고 했다.

Woman at the Piano

자매는 아침마다 메시지를 보냈다. 대개는 부모님을 부탁하는 내용이었다. 나는 자매의 메시지를 담당자들에게 전달했다. 자매들은 요양보호사나 간호사들에게도 직접 메시지를 보내기도 했다. 한 번씩 요양원에 오면 어찌나 세세하게 엄마를 살피고 요청 사항은 많은지 요양보호사 선생님들이 가끔은 피곤해했다.

"엄마 안색이 좋지 않다고 하시는데 그런 말을 들으면 저희를 책망하는 것 같아요."

더러는 기분이 상한다는 말도 하셨다. 딸이 엄마를 만나고 돌아가는 날마다 사소한 것까지 다 챙겨야 하냐고 묻기도 했다. 자매들에게는 세상에 하나뿐인 부모지만 요양보호사 선생님들은 여러 사람을 돌봐야 하니까 생기는 갈등이었다.

주말에 세 자매가 함께 오는 날이면 면회실은 어느 곳보다 시끌벅적했다. 옛날에 있었던 가족 이야기를 하며 이야기꽃을 피웠다. 올 때마다 부모님이 좋아하는 음식을 먹여드리고 같이 수다도 떨고 노래도 불렀다.

'저렇게 모일 때마다 재밌을까?'

나는 세 자매를 보면서 이들을 이렇게 키운 부모님을 생각했다.

'어떻게 자녀들을 키웠으면 자녀들이 부모를 보러 이렇게 자주 올까?'

몇 년 뒤에 자매는 아버지를 떠나보내고 또 얼마 후에 어머니도 보냈다. 피아노 선생님은 장례를 치르고 나서 원장실로 나를 찾아왔다. 부모님을 잘 돌봐주셔서 감사하다는 인사를 몇 번이나 반복했다. 그리고 이제는 요양원에 부모님이 계시지 않는데도 이곳에서 도움이 되는 일을 하고 싶다며 예배 때 피아노 반주를 계속 하겠다고 했다.

"저희 부모님은 안 계시지만 어르신들을 보면 부모님이 떠올라요. 우리 부모님을 돌보는 마음으로 이분들한테 뭔가 하고 싶어요."

그렇게 요양원에 봉사 반주를 하느라 자매 중 한 분이 자주 오가곤 했는데 하루는 벽 앞에 가만히 서서 한참 벽을 바라보고 있는 게 아닌가. 그가 바라보는 건 어르신들 사진이 붙어 있는 보드였다. 요양원에는 어르신들의 사진을 붙여 놓은 보드가 있다. 세 자매의 부모님이 돌아가신 후 두 분의 사진을 떼어냈다. 그러자 따님이 부모님 사진을 다시 붙여 달라고 했다. 이곳에 올 때마다 부모님 얼굴을 보고 싶다는 것이다.

부모님을 요양원에 맡겨두고도 무관심한 자녀들이 더러 있다. 그들에 비하면 조금 유난스럽고 귀찮아도 극성인 자녀들이 훨씬 훌륭하다. 자기 부모를 한 번이라도 더 챙겨달라고, 어떻게 보면 욕심을 부리는 이들이 다른 어르신도 위할 줄 안다.

부모님이 생각나서 피아노 봉사를 계속하고 싶다는 따님만 봐도 그렇지 않은가.

"요양원에서의 세심한 보살핌에 진심으로 감사드립니다. 하나님께서 이곳에서 일하시며 기적을 행하심을 느끼고 있습니다.
어머니께 필요한 것은 기도와 정성 어린 손길임을 다시 한번 깨닫습니다. 세 딸의 역할과 사명은 다를지라도 모두가 감사하고 있습니다.
원장님께서 늘 힘써주심에 고개 숙여 감사의 말씀을 드립니다. 오늘 하루도 주님의 은혜와 평강이 가득해지시길 기도드립니다."

피아노 선생님이 보내주신 문자를 지우지 않고 가끔 들여다본다. 그 안에는 부모를 향한 지극한 사랑과 책임감이 담겨 있어 나도 모르게 마음이 따뜻해진다. 요양원에 대한 감사의 마음도 깊다. 유난스러워 보였던 그들의 사랑이야말로 부모를 잊지 않고 끝까지 함께하는 진정한 효심이 아닐까 싶다.

77

반려견 진순이

✈

    반려동물은 우리 삶에 행복을 준다. 특히 나이가 들수록 그 행복은 더 크게 느껴진다. 하루가 고요하다 못해서 쓸쓸할 때 반려동물의 부드러운 털을 쓰다듬는 순간이 얼마나 소중한지 모른다. 그 작은 존재가 곁에 있을 때 세상은 조금 더 따뜻해지고 외로움은 옅어진다. 아침마다 일어나서 반려동물의 눈을 맞출 때는 어떤가? 하루가 특별해지고 사랑을 주고받는 생명이 있다는 것만으로도 마음 한구석에서 행복이 샘솟는다.

    요양원에 어르신이 새로 들어오셨는데 남편이 거의 매일 면회 올 정도로 다정하고 사이가 좋았다. 어르신의 남편분은 혼자 오시지 않고 꼭 키우는 강아지를 데리고 와서 셋이 함께 생활실에서 시간을 보내곤 했다.

    강아지의 품종은 몰티즈였고 이름은 진순이였다. 한눈에 보기에도 혈통이 섞인 강아지였다. 그래서인지 덩치가 컸고 할아버지가 품에 안으면 무거워 보였다. 그래도 할아버지는 외투 속에 무거운 진순이를 품고 와서 아내에게 보여주곤 하셨다.

문제는 진순이가 너무 사납다는 거였다. 직원들을 보면 큰소리로 짖어대고 으르렁거렸다. 하지만 주인에게만은 한없이 사랑스러운 반려견이었다.

그렇게 2년이 흘렀고 얌전하고 고우셨던 여자 어르신이 세상을 떠나셨다. 얼마 후 어르신의 아드님이 연락해서 이번에는 아버지가 입소하실 수 있게 도와달라고 했다. 어머니가 떠나시고 나니 아버지 혼자 생활하기 힘들고 또 혼자 계시는 게 안전하지 못하고 불안하다고 했다. 그래서 남편분이 바로 입소했다.

어르신은 나에게 진순이를 요양원에서 키울 수 있게 해달라고 부탁하셨다. 지금까지 여러 반려견을 키웠을 정도로 강아지를 좋아하는 나는 어르신이 돌아가실 때까지 강아지와 함께 살도록 해드리고 싶었다. 하지만 직원들의 반대가 있었다.

"강아지까지 돌보는 건 무리에요. 게다가 너무 사나워요."

어쩔 수 없이 부탁을 거절했더니 어르신은 무척 실망한 눈치였다. 그러고는 진순이의 이름을 부르면서 시름시름 앓으시는 게 아닌가.

79

"너무 보고 싶어요. 진순이를 한 번만 보게 해주세요."

반려견을 좋아하는 사람에게 강아지를 볼 수 없다는 건 매일 함께 살던 가족과 이별한 것이나 마찬가지다. 나는 한 번이라도 어르신께 진순이를 보여드리고 싶어서 아드님에게 연락했다. 어르신은 두고 온 진순이를 자녀들이 잘 키우고 있다고 철석같이 믿으셨다. 그런데 뜻밖에 대답이 돌아왔다.

"얼마 전에 유기견 센터로 보냈어요."

차마 이 소식을 어르신께는 전하지 못했다. 혹시 하는 마음에 유기견 센터에 연락했더니 진순이를 안락사했다는 소식을 들었다. 덩치가 크고 노견인 진순이를 입양하겠다는 사람이 없어서 그렇게 됐다는 것이다. 평생 주인을 생각하며 마지막 숨을 거두었을 진순이는 얼마나 슬펐을까?

어르신에게는 끝까지 진순이가 죽었다는 사실을 비밀로 했다. 다른 가정에 입양돼서 잘 살고 있다고 말했다. 진순이를 그리워하는 어르신의 모습을 본 한 요양보호사 선생님이 크기와 색이 비슷한 강아지 인형을 선물했다. 앙증맞은 목걸이에 '진순이'라고 이름 써서 침대 옆에 놓아드렸다. 어르신은 그 인형을 끌어안고 이야기를 나누셨다. 그러면서도 진순이가 보고 싶다고 입버릇처럼 말하셨다.

어르신은 요양원에서 2년쯤 사시고 천국으로 가셨다. 천국

에서 아내와 진순이를 다시 만나서 세 식구가 오순도순 살고

있을 거라고 믿는다.

"어르신, 지금은 그곳에서 행복하게 웃으며 진순이를 돌보
고 계시죠?"

우리 요양원에 반려동물과 함께 생활할 수 있는 공간이 있
었다면 얼마나 좋았을까. 평생을 함께한 반려동물과 산책로를
거닐고, 부드러운 털을 쓰다듬으며 나누는 그 순간들이 어르
신들에게 얼마나 큰 위로와 행복이 되었을지 상상해 본다. 앞
으로는 요양원에서도 마지막까지 사랑하는 존재와 함께 행복
한 시간을 보낼 수 있기를 소망한다.

말벗과
산책 선생님

눈 내린 아침, 어르신께 눈 덮인 풍경을 보여드리고 싶어 산책로로 모시고 나갔다. 산책로에는 어르신들보다 까치들이 먼저 와서 하얀 눈 위에 작은 발자국들을 남겨 놓았다. 사람들 소리가 들리자 까치들은 나무 위로 포르르 날아올라 자리를 옮겼다.

"어르신, 까치들이 하얀 눈에 발이 시릴 것 같아요. 어쩌죠?"

산책 선생님이 장난스럽게 물었다.

그러자 한 어르신이 퉁명스럽게 말씀하셨다.

"아이고, 별걱정을 다 하네."

그리고는 한마디를 더 보태신다.

"양말이나 갖다 신겨줘."

어르신의 농담 섞인 말에 하늘공원에는 웃음소리가 가득 퍼졌다.

우리 요양원에는 특별한 선생님들이 있다. 바로 말벗과 산책 선생님이다. 이분들은 주요 업무가 어르신과 산책하면서 말동무가 되어드리는 것이다. 말벗 선생님과 산책 선생님은 우리 요양원 하늘공원에서 어르신들과 함께 산책하며 웃고, 대화하며 하루를 보낸다.

말벗을 하며 산책을 돕는 선생님 중 한 분은 어린이집 교사 출신으로 어르신들에게 이야기를 들려줄 때 탁월한 능력을 발휘한다. 말을 하더라도 마치 구연동화를 하듯 어쩌면 그렇게 맛깔나게 말하는지 모른다. 또렷하고 명료한 목소리, 풍부한 손동작으로 어르신들의 관심을 사로잡는다. 단순히 이야기를 들려주는 것을 넘어 어르신들 한 분 한 분의 마음까지 어루만진다.

그런데 선생님들은 이야기하는 것보다 더 잘하시는 게 있다. 바로 어르신들의 말씀을 듣는 일이다. 듣는다고 해서 남의 이야기를 가만히 앉아서 수용만 하는 게 아니다. 선생님들이 어르신들 이야기를 듣는 모습을 보면 '경청이란 저런 것이구나!' 하고 감탄하게 된다.

어르신들은 마음을 털어놓을 사람이 필요하다. 누구보다 이 사실을 잘 알고 있는 말벗 선생님은 어르신들의 이야기를 경청하며 그들의 마음에 쉼과 위로를 선사한다. 어르신들은 '집에 가고 싶다', '어릴 적 살던 동네에 가보고 싶다' 등 소소한 바람도 털어놓는다. 모든 바람을 다 이뤄드릴 순 없지만 그렇게 마음을 나누는 것만으로도 커다란 위로가 되는 것 같다.

어르신들에게 말벗은 수다를 떨며 시간을 보내는 활동이 아니다. 그것은 삶을 살아내는 방식이고, 마음을 나누는 통로이며, 잊었던 추억을 다시 불러오는 따뜻한 초대이다. 같은 이야기를 반복하시더라도, 어르신들은 이야기하면서 자신의 삶을 다시 한번 되새기고, 그 순간만큼은 본인이 중심이 되는 것을 느낀다. 이 과정에서 한 말을 또 하고 또 하는 일이 많은데 선생님들은 어르신들의 이야기를 담담하게 받아낸다.

선생님들은 어르신들의 말씀에 귀 기울이고 그 이야기에 반응해 드린다. 지난번 했던 이야기지만 처음 듣는 것처럼 "아, 그러세요!" "아, 재미있었겠어요." "그래서 어떻게 되었어요?" 같은 추임새를 넣으면 어르신들은 마치 새로운 이야기를 하시는 듯 즐거워하신다. 선생님들의 웃음과 대답으로 어르신들은 자신이 존중받고 있음을 느낀다.

돌아보면 어린 시절 우리가 엄마에게 같은 말을 반복해도 엄마는 짜증 한번 내지 않으셨다. 할 일이 많고 바빠도 되도록 친절하게 답하려고 노력했다. 그러면 우리는 학교에서 일어난 일을 미주알고주알 이야기하고 눈을 반짝이고 귀를 쫑긋 세우고 서툴러도 주거니 받거니 대화를 이어갔다. 이제는 우리가 **84** 엄마가 될 차례가 아닐까?

심란할 때 나는 무작정 걷는다. 시장길, 산책로, 등산로, 골목길 가리지 않고 걷는다. 낭창낭창 걸어보고 힘차고 씩씩하게 걷다가 터덜터덜 걷는다. 그러다가 힘들면 쉬엄쉬엄 걷는다. 걸으면서 보는 풍경은 차를 타고 빠르게 지나갈 때 보는 풍경과 다르다. 겉만 훑고 지나가는 것이 아니라 천천히 보고 냄새 맡고 느껴가며 걸을 수 있다. 일상을 돌아보는 사색의 시간도 얼마든지 가질 수 있다. 그래서 나는 길을 좋아한다. 여기에서 저기로, 숨 가쁘게 뛰지 않고 천천히, 발길 닿는 대로 그저 걷고 나면 내가 바람이나 물길이 되어 흘러가는 것처럼 편안해진다. 불안한 마음과 두려움도 내 안에서 자연스럽게 흘려보낸다. 그리고 그런 날마다 요양원에 계신 어르신들이 생각났다. 어르신들은 마음속의 불안과 두려움을 어떻게 흘려보낼까?

걷기가 스트레스 해소에 탁월하다는 걸 몸소 깨달으면서 요양원 어르신들의 산책을 돕기로 했다. 산책은 어르신들에게 특별한 의미를 지닌다. 어르신들은 젊은 사람들처럼 빠르지도 않고 목적지도 없다. 그러나 느릿한 걸음으로 자연을 느끼고 마음의 여유를 찾으며 산책 선생님과 교감한다.

특히 가을날의 산책은 색색의 나뭇잎이 바스락거리는 소리와 서늘한 바람이 감싸는 풍경 속에서 어르신들의 마음에도 새로운 생기를 불어넣는다. 때로는 바람이 차가운 날에도 산책 선생님과 함께 두꺼운 옷을 입고 밖으로 나가곤 한다. 산책

후 따뜻한 차를 마시며 나누는 대화는 무엇보다도 특별하다.

산책은 어르신들의 신체적 건강뿐만 아니라 정신적, 정서적 건강에도 긍정적인 영향을 미친다. 산책을 통해 혈액순환이 원활해지고 근육과 관절이 활성화되며 무엇보다도 자연 속에서 안정감을 얻을 수 있다. 여기에 말벗 선생님이 삶의 이야기를 나눌 수 있는 창구가 되어 외로움을 덜어주고 마음속 깊이 쌓인 감정을 풀어낼 수 있게 도와준다. 어르신들의 얼굴에 떠오르는 미소와 마음 깊은 곳에서 우러나오는 감사의 말을 듣고 있으면 그들에게 사람과 자연을 통한 교감이 얼마나 중요한 것인지 알 수 있다.

말벗과 산책은 단순한 일상이 아니라, 어르신들에게 살아 있다는 감각을 되찾아주는 시간이자, 그들을 세상과 연결해 주는 창이다. 그리고 그 과정을 통해 우리는 어르신들의 삶에 더 가까워진다. 그들의 느린 걸음과 잔잔한 이야기 속에는 세월의 지혜가 담겨 있다.

말벗과 산책 선생님들 덕분에 어르신들은 잊고 있던 소중한 순간들을 되찾고, 새로운 하루를 살아갈 힘을 얻고 있다. 요양원이 작은 교감이 쌓여 어르신들이 다시 삶의 이야기를 써 내려가는 공간이 되었으면 한다.

말벗과 산책은 단순한 일상이 아니라,
어르신들에게 살아 있다는
감각을 되찾아주는 시간이자,
그들을 세상과 연결해 주는 창이다.

Le jardin à Giverny

얼굴에
침은 뱉지 마세요

요양원에서 일하면서 나는 인간의 상처와 치유를 매일 목격한다. 그중에서도 가장 깊이 각인된 기억은 한 치매 어르신과의 만남이다. 그분은 다른 요양원에서 우리 시설로 옮겨온 분인데 여기가 세 번째 요양원이었다. 어르신은 요양보호사 선생님들을 꼬집고 할퀴는 행동을 일삼았다. 욕설은 물론이고, 심지어 침을 뱉는 일도 빈번했다. 요양보호사 선생님들은 치매 어르신이니 이해하며 꼬집고 욕하는 것을 참아드리며 돌보았다. 하지만 "침 뱉는 건 정말 못 참겠다"라고 하소연했다.

'과연 이분은 어떤 삶을 살아왔기에 이렇게 적개심으로 가득 차 있을까?'

'이분은 무슨 억울함과 서러움이 있었길래 이렇게 상대방을 모욕할까?'

치매 환자가 침을 뱉는 행동에는 여러 이유가 있을 수 있다. 신체적으로는 구강 건조증, 삼킴 곤란(연하장애), 또는 신경학적 손상이 원인이 될 수 있다. 심리적으로는 불안, 혼란, 분노와 같은 감정을 표현하려는 시도이거나, 적절한 사회적 행동을 인식하지 못하는 인지 기능 저하로 인해 나타날 수 있다. 또한 낯선 환경이나 스트레스 같은 환경적 요인도 영향을 미칠수 있다. 이러한 이유를 이해하면서도 요양보호사 선생님들은 힘들어했다.

나는 매일 아침 어르신을 찾아가 인사드렸다. "좋은 아침입니다. 어르신!" 밝은 목소리로 인사하며 손잡아 드리고, 눈을 맞추며 따뜻한 미소를 전했다. 그러나 '웃는 얼굴에 침 뱉지 못한다'는 속담은 이분에게는 통하지 않았다. 어르신은 습관처럼 퉤 하고 침을 뱉곤 했다. 가끔 그 침이 내 얼굴에 닿으면, 나는 숨을 깊이 들이쉬며 모멸감을 삼켜야 했다. 한 인간으로서 느끼는 불쾌감은 어쩔 수 없었다. 그래도 나는 매일 아침 어르신께 다가갔다.

"어르신, 사랑해요. 내 맘 알지요?"

나는 나의 진심을 어르신께 전하고 싶었다. 첫날에는 그 말이 허공에 메아리치듯 무의미해 보였지만, 나는 멈추지 않았다. 매일, 매주 반복했다.

시간이 지나자, 변화가 일어났다. 어르신이 어느 날부터 더 **89**

이상 침을 뱉지 않게 된 것이다. 그 주기가 길어지다가 어느 날 딱 멈춘 것이다. 물론 꼬집는 행동은 여전히 남아 있었지만, 그조차도 처음보다는 빈도가 줄어들었다. 이러한 변화를 보면서 나는 비로소 깨달았다. 사랑과 관심은 상대방의 행동에 단기적인 결과를 기대하며 주는 것이 아니라, 오랜 시간에 걸쳐 서서히 녹아든다는 것을.

그분은 어떻게 변하게 된 것일까? 이전 요양원에서는 다칠 위험이 있으니 자유로운 활동이 제한되었던 것 같다. 그러나 이곳에서는 침대에만 머물지 않고, 여기저기 자유롭게 다니실 수 있게 허용해 드렸다. 답답함이 해소되니 긴장감과 스트레스도 줄어든 듯했다. 허리가 굽고 작고 마른 체형의 어르신이 다른 생활관으로 마실가는 모습을 볼 때면, 어찌나 귀엽고 사랑스러운지 포대기로 업고 다니고 싶다는 마음이 들 정도였다. 활달한 성격과 여기저기 참견하고 싶어하는 그분의 기질을 존중하며 펼칠 수 있게 하자, 점점 표정도 밝아지시고 공격성도 줄어들었다.

어느 날 아침, 간호과장과 함께 방문하자 갑자기 그분이 나를 향해 말했다.

"사랑해."

나는 너무 놀라서 순간 멈춰 섰다. 내가 제대로 들은 게 맞는지 확인하고 싶어 짐짓 모른 척하며 다시 물었다.

"어르신, 뭐라고 하셨죠?"

그분은 다시 한번 또렷하게 말씀하셨다.

"사랑해."

그 순간 나는 그분을 꼭 안아드렸다. 그 따뜻한 말 한마디에 모든 수고가 보상받는 기분이었다. 함께 있던 간호과장은 미소를 지으며 말했다.

"원장님, 이제 어르신께 사랑의 화답을 받으셨네요."

그날 이후로 나는 어르신의 작은 변화 하나하나가 얼마나 소중한지, 그리고 돌봄의 본질이 무엇인지를 다시금 깨닫게 되었다. 단순히 안전을 지키는 것을 넘어, 어르신의 기질과 삶의 방식을 존중하고 그분이 자신답게 살아갈 수 있도록 돕는 것이 진정한 돌봄이 아닐까? 그분의 사랑 고백은 단순한 표현이 아니라, 삶의 질이 회복된 기쁨과 돌봄에 대한 깊은 감사의 표시였을 것이다.

나는 어르신의 변화를 보며 자신을 돌아보았다. 혹시 내가 이전에 누군가를 진정으로 이해하려는 노력을 게을리한 적은 없었는지, 혹은 나의 사랑이 상대방에게 부담으로 작용한 적은 없었는지 말이다. 어르신과의 경험은 내가 사람을 대하는 방식을 바꾸는 계기가 되었다. 지금은 단순한 문제 행동을 해결하는 것을 넘어, 그 사람의 내면을 들여다보려고 노력하게 되었다. 사랑은 그 자체로 강력한 치료제다. 때로는 그 효과가 **91**

더디게 나타나기도 하지만, 진심은 언젠가 반드시 전달된다. 그 어르신이 침 뱉는 행동을 멈춘 것은 단순히 외적인 변화가 아니라, 내면의 적개심이 조금씩 녹아내린 결과라고 믿는다. 사랑은 그렇게 상대방의 마음속 깊은 곳까지 스며들어 변화를 일으킨다.

요양보호사 선생님들과 함께 어르신을 돌보며 느꼈던 불편함과 피로감은 이제 감사와 보람으로 바뀌었다. 인간의 상처는 때로 깊고 복잡하지만, 그 치유에는 우리의 끈질긴 관심과 진심 어린 사랑이 필요하다. 그분이 보여준 변화는 나와 주변 사람들에게 큰 위로와 희망이 되었다. 결국 사랑은 사람을 바꾸는 가장 강력한 도구다. 사랑은 단순한 행동 변화에 그치지 않고, 우리 모두의 삶을 더 따뜻하게 만든다.

단순히 안전을 지키는 것을 넘어,
어르신의 기질과 삶의 방식을 존중하고
그분이 자신답게 살아갈 수 있도록 돕는 것이
진정한 돌봄이 아닐까?

Starry Night Over the Rhone

3부

우리는 무슨 인연일까?

라디오와
충규 씨

최근 들어 비교적 젊은 나이에 요양원에 입소하는 사람들이 늘어나고 있다. 이는 단순히 개인적인 문제가 아니라 우리 사회의 구조와도 깊이 연결된 문제로, 함께 고민해야 할 중요한 주제가 되었다. 이른 나이에 요양원에 입소한 사람들은 생산적인 활동을 이어갈 수 없게 되고 인지 기능과 일상생활 수행 능력이 저하되면서 큰 좌절을 겪는다. 또한 그의 가족들은 경제적인 부담과 심리적인 어려움을 함께 짊어지게 된다. 50대 중반의 나이로 우리 요양원에서 가장 젊은 입소자였던 충규 씨 역시 그랬다.

"충규 씨는 콧대가 예술이에요. 젊었을 때는 너무 잘생겨서 인기가 많았겠어요?"

내가 이렇게 농담을 건네면 그는 환하게 웃었다. 그렇지만 활짝 웃는 모습은 가끔만 볼 수 있었다. 평소에는 우울감으로

힘없이 보내는 날이 많았다.

종일 이불을 뒤집어쓰고 아무 말도 하지 않고 보내는 때가 많다. 요양보호사 선생님들을 공격할 때도 있다. 그는 뇌경색을 앓았고 후유증으로 보행에 어려움을 겪어 혼자 힘으로는 걸을 수 없었다. 나이는 젊은데 침대에만 누워 있어야 하는 현실을 받아들이기 어려웠을 것이다. 왕성하게 일하며 가족들을 돌봐야 할 나이에 아무것도 할 수 없다는 무기력함은 그를 분노케 했을 것이다.

충규 씨가 우울해하거나 짜증을 부릴 때면 나는 그에게 다가가서 아이를 달래듯 말을 걸고 기분을 풀어주곤 했다. 한번은 갖고 싶은 게 있느냐고 물은 적이 있다. 그때 그는 아무 말도 하지 않다가 한참 뒤에 라디오라고 대답했다.

"라디오요? 왜 라디오예요?"

"음악을 듣고 싶어서요."

나는 바로 그 자리에서 온라인으로 라디오를 주문했다. 며칠 후 도착한 라디오를 받아 든 충규 씨는 어린아이처럼 환하게 웃었다. 그는 라디오를 곁에 두고 매일 음악을 들었다. 때로는 흘러나오는 노래에 맞춰 고개를 끄덕이거나 미소를 짓기도 했다.

라디오는 단순히 음악을 듣는 도구가 아니었다. 그에게는 위안을 주는 친구였다. 라디오의 음악은 단순한 멜로디 그 이상   97

이었다. 어쩌면 라디오에서 흘러나오는 음악과 방송이 외롭고 지친 마음을 어루만지고 말하지 못한 감정을 대신 표현해 주는 친구처럼 느껴졌을 것이다. 세상과 소통하는 그의 창구였는지도 모르겠다. 나는 그가 라디오를 통해 조금이라도 더 평안한 시간을 보내기를 간절히 바랐다.

충규 씨가 라디오 다음으로 아끼는 건 시계였다. 그런데 입소할 때 차고 온 시계가 고장이 나서 몇 번이나 수리를 맡겼지만, 결국 완전히 망가져 버렸다. 속상해하는 모습이 안타까워서 비싸지는 않지만 그래도 제법 모양새가 나는 시계를 선물했다. 충규 씨는 팔목에 찬 시계를 자주 들여다보며 좋아했다. 또 침대에서 간단하게 운동할 수 있는 기구도 선물했는데 그는 내가 준 물건들을 소중히 다뤘다. 나를 만날 때마다 고맙다는 인사도 잊지 않았다.

그러나 충규 씨의 감정 기복이 날로 심해졌다. 자신을 향한 관심이 조금이라도 줄어든 것 같으면 토라져서 한마디도 하지 않았다. 그 토라짐은 악의가 있어서가 아니라 '나 지금 토라졌으니까 봐달라', '관심을 가져 달라' 하는 것이다.

요양원에서 바쁜 일정으로 충규 씨에 대해 잊고 있었던 어느 날, 그에 관한 이야기를 들었다. 감정 기복이 심해지고 폭력적인 행동이 잦아지면서 요양보호사들이 힘들어한다는 것이다. 한 번은 목욕을 거부하며 떼를 쓰다가 선생님을 밀어서 다치게 했다는 소식도 들었다.

충규 씨가 자꾸 폭력을 휘두르는 바람에 직원들은 더 긴장한 상태로 일해야 했다. 그런데 이번에는 밖으로 나가겠다고 난동을 피웠다. 급기야 요양보호사가 잠깐 자리를 비운 사이 침대에 불을 지른 일까지 벌어졌다. 어디에서 어떻게 라이터를 손에 넣고 그걸 보관하고 있었는지 모르겠다. 다행히 바로 들어온 요양보호사 선생님이 불을 꺼서 큰불로 이어지지 않았다.

직원들은 다른 어르신들의 안전도 걱정되고 충규 씨가 무슨일을 또 벌일지 모르니 정신과가 있는 병원에 보내야 한다고 했다. 그들의 생각을 이해는 하지만 그를 보내고 싶지 않았다. 처음 요양원을 차리고 얼마 지나지 않아 입소한 충규 씨, 그와 함께한 시간이 많아서인지 나이가 비슷한 또래여서 그런지 모르겠지만 그를 계속 책임지고 싶었다. 마음이 너무 아파 보호자인 그의 누나와 상의를 해보려고 해도 누나는 계속 같은 말만 반복했다.

"걔가 빨리 죽어야 되는데…."

결국 그를 다른 병원으로 보내야 했고 이 일로 속상해하자 아들이 나를 위로했다.

"엄마, 속상해하지 마세요. 엄마가 돌볼 수 있는 상황이 아니에요."

시간이 흐르고 충규 씨의 일도 잊혀 갔다. 어느 날 충규 씨의 **99**

안부가 궁금해서 그의 누나에게 전화를 걸었다. 병원에서 잘 지내고 있는지 궁금했다. 그의 누나가 착잡한 어투로 말했다.

"여기서도 아주 힘들게 하네요. 동생은 다시 원장님 요양원으로 돌아가고 싶대요."

그 말을 듣고 마음이 무거웠다. 직원들과 충규 씨의 일을 의논했지만, 여러 조건이 맞지 않아 다시 요양원으로 돌아올 수 없었다.

요양원의 가장 젊은 어르신이었던 충규 씨. 나는 그가 보여준 감정의 소용돌이와 행동 뒤에 숨겨진 상처를 이해했을까? 그는 어쩌면 더 많은 관심과 이해가 필요했던 사람이었을지도 모르겠다. 그가 부디 어디서든 편안하게 살고 있기를 기도한다. 내가 선물로 준 작은 라디오는 여전히 갖고 있을까? 그 라디오에서 나오는 음악이 그를 조금이라도 웃게 하고 미소 짓게 해주기를 바란다.

"어르신, 잘 주무셨어요? 몸은 괜찮으세요?"

매일 오전 10시만 되면 어르신들이 간밤에 무사히 잘 주무셨는지 돌아보곤 한다. 다들 반갑게 맞아주시지만 유독 나를 기다리며 반가운 눈빛을 건네는 분이 있었다.

이 어르신은 평생을 넝마주이로 살았고 가족이 없었다. 기초생활보장 수급자로 살다가 병을 얻어서 요양원에 들어왔다. 내가 요양원을 인수하기 전부터 거의 10년쯤 요양원에만 계셨다고 한다.

안타깝게도 어르신은 말하지 못했다. 어떤 사연이 있어서 말을 못 하게 됐는지 이유는 알 수 없었다. 그런데도 어르신은 나에게 하고 싶은 말이 많은 눈치였다. 그는 하고 싶은 말이 있을 때마다 두루마리 화장지를 끊어 거기에 글을 써서 용건을 전하곤 했다.

101

어르신에게 종이를 따로 챙겨드렸는데도 그는 꼭 두루마리 휴지를 찢어서 글을 써주셨다. 주로 '고마우신 원장님', '미스코리아같이 예쁜 원장님' 같은 쑥스러운 칭찬 글을 써서 주시곤 했다. 항상 '우리 요양원이 정말 좋아요'라는 문장을 빼놓지 않고 써주셔서 얼마나 감동했는지 모른다. 그러다가 나중에는 당신의 삶을 고백하는 글을 썼다.

슬픈 사연 가운데 가장 마음이 아팠던 내용은 어르신이 요양원에 들어오기 전에 만났던 여성에 관한 이야기였다. 이 어르신한테 매달 노령연금이 나오는데 그 돈을 모아놨다가 어떤 여자분에게 주었다고 한다. 가끔 여자분이 어르신에게 돈을 받으러 요양원에 올 때가 있었다.

"어르신, 돈을 갖고 계시지 왜 다른 분께 주시는 거예요?"

어르신에게 이렇게 물어보고 싶었지만 차마 물어볼 수 없었다. 한 푼, 두 푼 꼬깃꼬깃한 지폐를 모아놓는 어르신의 모습에서 안쓰러움을 느꼈다. 어르신을 동정하는 건 아니다. 그의 삶도 그분 나름대로는 충만하고 행복한 삶이었을 것이다.

그러나 돈이 있어야 여자분이 만나러 와줄 것이고 인정받을 수 있다고 생각하는 것 같아 그 모습을 보면 마음이 아팠다. 어르신은 돈으로 사람의 마음을 사려고 했다. 그래야만 당신에게도 관심을 줄 거로 생각하신 모양이다. 어쩌다가 돈이 생기면 요양원 선생님들께도 5만 원 지폐를 주신 적도 있다.

어르신과의 슬픈 이별은 느닷없이 다가왔다. 어르신의 몸에서 전염성이 있는 CR이라는 균이 나와서 더 이상 요양원에 있을 수 없게 된 것이다. 요양원에 계신 어르신들은 전염성 강한 균에 매우 취약하기 때문에 전염되면 심각한 일이 벌어질 수 있다. 이럴 때는 균이 발견된 환자가 요양원을 나와서 요양병원으로 옮겨야 한다.

병원에 가서 치료받고 오셔야 한다고 말을 전해 듣자, 어르신은 믿을 수 없다는 표정을 지으셨다. 그리고 절망적인 눈으로 나를 바라봤다. 어느 병원으로 옮길지 결정된 후에 나를 보자마자 쪽지를 쥐여주셨다. 쪽지에는 삐뚤삐뚤한 글씨가 적혀 있었다.

'원장님, 안 가고 싶어.'

'여기가 좋아요. 여기 있을래.'

어르신이 요양원을 떠나시던 날 구급차가 와서 싣고 갈 때까지 어르신은 눈물을 하염없이 흘렸다. 그 모습을 보면서 나도 함께 울었다. 그렇게 어르신이 요양원을 떠나고 한동안 내 마음도 허전했다. 얼마 지나지 않아서 어르신의 생일이 다가왔다. 생일에 맞춰서 생일 케이크, 용돈, 그리고 어르신이 좋아하는 모자를 선물로 사서 김포에 있는 요양병원에 찾아갔다.

나를 보자마자 어르신의 얼굴이 환해졌다. 말씀은 하지 못하지만, 온 마음을 다해서 반기시는 걸 알 수 있었다. 병상에서 **103**

간이 식탁을 펴고 케이크에 꽂힌 촛불을 껐다.

"소원을 비세요, 건강하게 해달라고 기도하세요…."

내가 이렇게 말하자 어르신은 또 눈물을 흘렸다.

어르신과의 인연은 거기서 끝나지 않았다. 가족이 없고 연고도 없는 어르신에게는 보호자도 없었다. 그래서 서류상으로 내가 보호자가 됐다. 보호자가 되자 요양병원에서 밀린 병원비를 나에게 청구했다. 적지 않은 금액인데 병원비를 해결하지 않으면 더는 어르신을 돌볼 수가 없다고 했다. 그렇게 밀린 병원비를 갚고 나서 곧장 코로나 대유행이 시작됐다.

코로나로 요양원은 비상 상태였다. 병문안이 금지되면서 어르신을 만나러 갈 수 없었다. 그렇게 바쁜 일상을 보내고 문득 어르신이 떠올라서 요양병원에 전화를 걸었다. 그러자 요양병원 직원이 충격적인 말을 전했다.

"그분은 작년에 돌아가셨습니다."

믿을 수 없었다. 서류상이라고 해도 내가 보호자가 되어 있으니 위독하거나 돌아가실 상황이 되면 연락이 올 거라고 생각했다. 그런데 전혀 연락이 없었다. 코로나로 1년간 소식조차 전하지 못한 나 자신이 너무 원망스러웠다. 왜 그렇게 무심했던 걸까.

아무런 연고도 없어서 무연고자로 처리됐고 시신은 화장했다고 담당 직원은 담담한 말투로 말했다. 전화를 끊고 한동안 자리에서 일어날 수 없어서 멍하니 앉아 있었다.

'미스코리아 원장님, 사랑해요.'

구겨진 휴지에 눌러썼던 어르신의 진심이 떠올라서 하염없이 눈물만 흘렀다.

오해와 반전

　우리 요양원에는 아내를 끔직히 아끼는 남편 분이 있었다. 아내는 파킨슨 병을 앓고 있어서 몸이 경직되어 움직일 수 없었다. 남편은 시간이 될 때마다 아내를 찾아와 아기 다루듯이 아내를 보고 웃어주고 말 걸어 주고 노래 불러주었다. 이 둘은 나이도 많지 않았다. 60대가 조금 넘었다. 나이보다 젊어 보이고 잘생긴 남편은 아내에게 자랑이었을 것 같다.

　부드러운 눈빛으로 아내를 바라보며 노래를 불러주고, 잔잔한 이야기를 건네던 그 남자. 아내는 파킨슨 병으로 몸을 움직일 수 없었지만, 그의 목소리를 들을 때면 굳어 있던 얼굴에 작은 미소가 피어나곤 했다. 마치 한겨울 얼어붙은 가지 끝에서 싹이 돋는 것처럼. 이 모습을 보며 나는 가끔 생각했다. 저들의 사랑은 얼마나 뜨거웠을까? 얼마나 깊었기에 저리도 지극정성일까?

어느 날 그의 모습이 평소와 달랐다. 다소 초췌한 얼굴에 생기 없는 표정. 나는 걱정스러운 마음에 물었다.

"어디 불편하세요?"

"아니요, 괜찮습니다."

짧은 대답 뒤에 그는 고개를 돌렸고, 나는 그의 뒷모습을 오래도록 바라봤다. 뭔가가 달라지고 있었다.

며칠 후 그는 내게 심각한 표정으로 다가와 말을 꺼냈다.

"아내의 연명치료를 멈추고 싶습니다."

그 순간 머릿속이 하얘졌다. 그렇게 사랑하던 아내를 포기하려는 이유는 대체 무엇일까? 그는 더 이상 간병의 무게를 견딜 수 없는 걸까? 아니면 다른 사랑을 꿈꾸고 있는 걸까? 누군가를 새롭게 만난걸까? 내 머릿속엔 불편한 의심이 피어났다.

결국 아내는 병원으로 옮겨졌다. 그러나 그곳에서도 연명치료를 하지 않겠다는 그의 의지는 확고했다. 병원 측은 연명치료를 포기한다면 더 이상 해줄 게 없으니 집으로 모시고 가야 한다고 권했다. 집에서 마땅히 아내를 간호할 수 없어 그는 다시 우리 요양원으로 아내를 데려왔고 아내는 특별실에서 마지막 시간을 보냈다. 아내의 생명은 점점 쇠약해졌고, 나는 그의 결정을 이해할 수 없었다. 그토록 사랑한 아내를 왜 이렇게 보내려 하는 걸까?

아내가 떠날 날이 얼마 남지 않을 것 같다는 간호 과장의 이 107

야기를 남편에게 전했다. 주말을 넘기기 힘들 거라는 말을 남편에게 알렸다. 그런데 그는 낮은 목소리로 말했다.

"주말에는 못 올 것 같습니다. 월요일까지 아내를 잘 부탁합니다."

그 말을 들으며 나는 다시 의문에 빠졌다. 사랑한다던 그가 왜 마지막 순간을 함께하지 못하겠다는 걸까?

아내는 남편이 주말을 지나 월요일에 온다는 것을 알고 있었던 것인지 주말을 버텨주었다. 그리고 월요일 아침, 남편이 요양원에 도착하고 눈을 맞추자 그녀는 작은 숨을 내쉬며 눈을 감았다. 그녀는 남편과의 인사를 끝으로 세상을 떠났다. 나는 여전히 남편의 태도를 이해할 수 없었다. 사람의 사랑이란 결국 이런 것일까? 시간이 흐르면 사랑은 퇴색되고 뜨겁던 마음은 차갑게 변하는 것일까?

그 둘의 이야기는 요양원의 바쁜 일과 속에 잊혀지고 있었다. 그리고 봄이 찾아왔다. 어느 날 핸드폰으로 부고 문자가 도착했다. 누구지? 세상을 떠난 사람은 바로 그 남편이었다. 아내가 떠난 지 정확히 3개월 뒤, 남편도 세상을 떠난 것이다. 이게 무슨 일이지 하며 놀란 마음에 알아보니, 그는 오랜 시간 암을 앓고 있었다는 사실을 가족을 통해 알게 되었다. 그의 초췌한 얼굴, 어두운 표정, 그리고 마지막 순간 아내를 먼저 떠나보내려 했던 결정까지 모든 것이 설명되었다.

그는 자신의 죽음을 누구에게도 말하지 않았다. 아내를 홀로 남겨두고 떠날 수 없었기에, 자신의 마지막 힘으로 그녀를 먼저 떠나보낸 것이었다. 내가 그를 오해했던 순간들이 떠올랐다. 간병의 피로, 혹은 새로운 사랑을 의심했던 내 시선이 부끄러웠다. 그는 그저 사랑을 자신의 방식으로 완성하고 있었던 것이다.

사랑은 때로 고통스럽고 때로 희생을 요구한다. 그러나 그것이 진정한 사랑이라면, 그것은 결코 차갑게 변하지 않는다. 오히려 모든 것을 삼키며 더 깊은 의미로 남는다.

그들의 사랑은 뜨거움과 차가움을 모두 품고 있었다. 그의 결정은 아내를 위한 마지막 선물이었고, 그녀를 위해 자신을 태운 사랑이었다. 봄이 오면 나는 그들의 이야기를 떠올린다. 그리고 다짐한다. 타인의 삶을 함부로 판단하지 않겠다고. 사랑은 각자의 방식으로 완성된다는 것을, 그 깊이는 결코 겉으로 드러나지 않을 수도 있다는 것을 말이다.

두 사람은 이제 서로의 곁에서 고요히 쉬고 있을 것이다. 그들이 남긴 사랑의 흔적은 살아남은 우리에게 깊은 울림과 반성을 남겼다.

존엄한 이별

✈

　곧 돌아가실 것 같았던 어르신이 한 달 이상, 때로는 그보다 더 오랜 시간을 힘겹게 버틸 때, 그 모습을 그저 지켜볼 수밖에 없다. 보통은 어르신이 위독해지면 서둘러서 가족들에게 연락드린다. 마지막 준비를 해야겠다고 전하면 임종을 지키기 위해서 황급히 달려온다.

　가족을 만나야 한다는 집념 때문인지 어르신도 위기를 버텨내신다. 곧 임종을 맞을 것 같았는데 그게 아니면 가족들은 다시 일터로 돌아가고 이런 일이 몇 번 반복된다. 다음에는 임종을 맞으려고 달려오는 시간이 길어진다. 죽음을 향한 두려움과 슬픔도 시간 앞에서는 무뎌지는 걸까?

　헤어짐은 요양원에서 자주 벌어지는 일이지만 특별히 가슴 아픈 이별이 종종 일어난다. 어느 날 한 가족이 아직 돌아가시지도 않은 어르신을 두고 이렇게 전화로 말했다.

110

"장례식은 하지 않기로 했어요. 바로 화장터로 보내주세요."

그 말을 듣고 크나큰 충격을 받았다. 어르신의 죽음을 마치 '처리해야 할 일'처럼 여기는 태도에 분노가 일었다. 사람을 폐기물처럼 취급하며 그것이 당연하다는 듯 당당하기만 한 그들의 모습을 지켜보기가 고통스러웠다. 어르신의 삶과 죽음을 존중하지 않고 끝내버리려 한다는 생각이 들었다.

이 일을 계기로 나는 죽음을 어떻게 대해야 할지, 그리고 우리가 어떻게 죽음을 맞이하고 보내야 할지 고민했다. 죽음은 우리 삶의 마지막 종착점일 뿐만 아니라, 그 죽음을 맞이하는 순간은 삶에 대해 성찰할 기회여야 한다고 믿는다. 죽음을 끝으로만 보지 않고 그 과정을 통해 삶을 되돌아볼 수 있어야 한다.

우리 요양원은 그런 의미에서 '존중'을 중요한 가치로 삼는다. 죽음이 다가올 때 당사자의 삶과 죽음을 진심으로 존중하는 분위기를 만들려고 한다. 죽음은 결코 일방적이고, 기계적인 절차가 되어서는 안 된다. 우리는 그분의 마지막 순간을 보내는 방식에서, 그분이 살아온 삶의 흔적을, 그분이 이루었던 모든 것들을 고요히 돌아보고, 그 존재를 존중하며 보내드려야 한다. 그러자면 죽음 앞에서 겸손해지고, 그 고요한 끝자락에서 삶의 의미를 되새겨야 한다.

죽음을 생각하면, 우리는 본능적으로 겸허해진다. 그 죽음 앞에서 더 이상 아무것도 쟁취할 수 없다는 사실을 알게 되면, **111**

우리는 자신이 살아왔던 모든 순간에 대해 성찰하게 된다. 죽음은 결국 우리가 살아 있다는 사실을 더욱 선명하게 상기시키고, 삶을 더욱 의미 있게 만드는 중요한 교훈이 된다. 내가 바라는 죽음은 그렇게 존중받고, 그 속에서 삶에 대한 교훈을 얻을 수 있는 죽음이다.

우리는 모두 시간이 흐르면 죽음을 맞이할 수밖에 없다. 늙어가고 죽어가는 이 현실 앞에서 우리는 어떤 태도로 죽음을 맞이해야 할지 고민하게 된다. 죽음을 단지 두려운 끝으로만 보는 것이 아니라, 삶의 일부로 받아들여야 한다. 죽음을 존중하는 태도는 살아 있는 우리 자신을 더욱 겸손하게 하고, 삶의 가치를 더욱 깊이 이해하게 한다. 그렇기에 나는 우리 요양원이 죽음을 존중히 여기는 장소가 되기를 바란다. 한 사람 한 사람의 죽음이 그분이 살아왔던 삶을 떠올리게 하고, 그 죽음을 통해 살아남은 자들이 다시금 삶의 의지와 더 나은 삶을 위한 다짐을 할 수 있는 그런 곳이 되었으면 한다.

죽음은 끝이 아니다. 그것은 우리가 살아온 삶을 되돌아보게 하고, 우리에게 교훈을 주는 중요한 과정이다. 그래서 나는 이 요양원이 단순히 죽음을 맞이하는 장소가 아니라, 삶의 마지막 순간까지 존중받고, 겸허히 그 순간을 맞이할 수 있는 공간이 되기를 바란다.

죽음은 결국 우리가 살아 있다는 사실을
더욱 선명하게 상기시키고,
삶을 더욱 의미 있게 만드는 중요한 교훈이 된다.

In the garden

메리 크리스마스

나에게 크리스마스는 설렘이 가득한 날이다. 어린 시절 시골 교회에서 보낸 크리스마스를 떠올리면 작은 축제였다. 가난한 시골 아이들에게 교회의 크리스마스 행사는 한 해의 가장 큰 기쁨이었고 그날만 기다리며 마음속에 작은 소망을 품곤 했다. 산타 할아버지가 주신 소박한 선물, 그리고 성탄절 아침부터 울려 퍼지던 찬송가는 아직도 가슴 한켠에 고스란히 남아 있다. 아마 요양원의 어르신들도 저마다 행복했던 성탄의 기억을 가슴 깊이 간직하고 계실 것이다.

크리스마스가 다가오면 요양원은 은은한 기대감으로 물든다. 어르신들과 함께 트리를 꾸미며 크리스마스를 맞이할 준비를 한다. 나무에 작은 장식 하나를 걸 때마다 어르신들의 얼굴에 미소가 번진다.

클래상스요양원의 크리스마스는 특별하다. 매년 열리는 성탄 축하 파티는 어르신들과 직원들이 함께 만든다. 이 축제는 외부의 도움 없이, 모든 걸 직원들이 직접 준비한다. 처음에는 부담스럽기도 했지만, 어르신들을 위한 무대를 직접 꾸미고 공연을 준비하는 과정에서 우리는 더 큰 보람과 기쁨을 느꼈다. 각 부서가 모여서 연습에 몰두하는 모습은 마치 작은 연극단의 리허설처럼 생동감이 넘친다.

올해도 성탄을 맞았다. 2층부터 4층에 계신 어르신들이 1층 로비로 내려오셨다. 휠체어를 타고 내려오시는 분, 직원의 부축을 받으며 조심스레 걸음을 옮기시는 분 모두의 표정에 설렘이 가득했다. 침상에 계신 어르신들은 함께하지 못했지만, 그분들을 위한 따뜻한 메시지가 곳곳에 전해졌다. 행사장은 반짝이는 장식과 익살스러운 소품들로 환하게 꾸며졌다. 어르신들은 토끼 머리띠, 왕관 머리띠, 동백 머리핀, 그리고 우스꽝스러운 모양의 선글라스를 끼셨다. 어르신들은 서로의 모습을 보며 어린아이처럼 웃었다.

이날 어르신들은 관객에 머무르지 않았다. 가장 연세가 많으신 어르신들은 합창을 준비했다. 신명난 장구 연주로 무대를 채운 어르신, 족두리에 연지곤지를 찍고 사모관대를 쓴 어르신들의 공연은 웃음과 감동을 자아냈다. 사회자는 크고 또렷한 목소리로 행사를 매끄럽게 이끌며 어르신들의 귀에 잘 들리도록 배려했다.

115

한겨울에 날씨가 추워지면
몸도 마음도 힘들어지는 사람이 많다.
서로의 온기를 나누며 따뜻해지고
사랑과 행복을 나누기 위해서
크리스마스가 있는 것은 아닐까?

Juniper Tree in Snow

직원들도 이날만큼은 평소와 다른 모습으로 무대에 섰다. 간호팀은 루돌프 코를 붙이고 귀여운 율동으로 어르신들을 미소 짓게 했다. 사회자가 "선생님, 우리 어르신들 주사 안 아프게 놔주세요!" 하고 외치자, 어르신들의 웃음소리가 터졌다. 복지팀 선생님들은 일바지에 털조끼를 입고 성탄 트리 모양의 머리띠를 하고 신나는 노래를 불렀다. 직원들은 어릴 적 부모님 앞에서 율동하던 아이처럼 마음껏 재롱을 부리며 어르신들의 마음을 사로잡았다.

요양팀은 반짝이는 의상과 코믹한 선글라스를 착용하고 무대를 장악했다. 어르신 중 몇 분은 무대에 올라 직원들과 함께 춤을 추며 "나도 반짝이 옷을 입고 싶다."며 웃음을 터뜨리셨다. 결국 반짝이 옷을 입고 앵콜송에 맞추어 춤을 추셨다. 숨은 찼지만, 마지막까지 손가락 하트를 날리며 환호하는 어르신들의 열정은 모두의 가슴을 뭉클하게 했다. 조리사 선생님들은 산타 모자를 쓰고 양말까지 빨간색으로 맞추고 날아가는 스카프를 하고 〈얼굴 찌푸리지 말아요〉를 불렀다. 밥도 주고 간식도 주고 사랑을 담은 노래까지 주었다.

특히 80대의 박은경 어르신은 예전 주간보호센터를 다닐 때 그곳에서 배운 노래를 선보이셨다. 임영웅의 〈별빛 같은 나의 사랑아〉를 부르며 정확한 발음과 박자를 자랑하시던 모습은 행사의 하이라이트였다. 휠체어에 앉아 발끝으로 박자를 맞추 117

시던 모습은 어찌나 귀여웠는지 모른다.

성탄 행사는 크리스마스 케이크의 촛불을 함께 끄며 목사님의 축도로 마무리되었다. 어르신들과 직원들이 서로 "메리 크리스마스!"를 외치며 밝은 웃음 속에서 잔잔한 여운을 남겼다. 귀여운 요정으로 변신한 어르신들과 함께한 이날, 클래상스요양원에는 사랑과 기쁨이 가득 찬 성탄의 기적이 내려앉았다.

나는 어르신들의 환한 미소와 웃음소리가 가득했던 우리 요양원이 크리스마스의 작은 기적이 이뤄진 곳이라고 생각한다. 몸과 마음이 허약한 어르신들이 계신 요양원이라고 하면 언뜻 보기엔 사랑과 거리가 멀어 보일 것이다. 짜증, 다툼, 갈등이 많을 것이라고 넘겨짚기 쉽다. 그러나 우리는 이곳에서 서로 사랑하고 나누고 더 큰 행복을 만든다. 우리는 누구보다도 사랑하는 방법을 잘 알고 있으며 직접 실천하고 있다. 오히려 요양원에서 바라본 바깥세상이 더 험난하고 비극적이고 슬퍼 보인다.

성탄절 행사가 있던 그날, 예수님은 이곳으로 오셔서 모두를 따스하게 감싸주셨으리라. 우리가 만든 작은 무대는 모두의 마음에 잔잔한 행복으로 남았다.

우리는
무슨 인연일까

　　요양보호사 선생님과 어르신은 어떤 인연으로 만나게 된 걸까? 요양보호사 선생님들은 아마도 돌아가신 부모님을 떠올리지 않을까. 부모님께서 살아 계셨을 때 하지 못했던 일을 아쉬워하며 자식으로서 하지 못한 일을 대신하는 마음으로 어르신들을 돌보는 것 같다. 아름다운 심성을 지닌 이들은 어르신들과 함께 시간을 보내며 서로의 마음과 온기를 나누고 삶의 한 자락을 함께 채운다.

　'돌봄'과 '보살핌'의 차이는 뭘까? '돌봄'은 누군가에게 관심을 가지고, 세심하게 살피며 보살피는 일이다. 반면 '보살핌'은 정성을 기울여 보호하고 돕는 행위로, 깊은 마음과 손길을 담아내는 일이다. 그러니까 '돌봄'은 따뜻한 마음으로 누군가를 살피고 지원하는 일이고, '보살핌'은 그에 더해, 사랑과 정성으로 그 사람을 지켜주는 행위라 할 수 있다.

119

돌봄은 요란하지 않다. 재미있고 신나는 일도 아니다. 그래서 세상 사람들에게 주목받지 못한다. 하지만 조금만 생각해보면 이 세상은 돌봄이 있어서 유지된다. 능력이 뛰어난 사람, 유명하고 영향력이 큰 사람이 세상을 이끌어가는 것 같지만 그보다 더 귀한 사람들이 있다. 이름 없이 묵묵하게 이 사회의 약자들을 돌보는 사람들이다.

우리는 돌본다고 하면 아기와 노인부터 떠올리지만, 그들만 돌봄이 필요한 건 아니다. 독립적으로 살아가는 성인도 서로가 도와가며 살아야 하고 돌봄이 필요한 순간이 반드시 온다. 인간은 절대 혼자 살아갈 수 없다.

요양원을 운영하면서 돌봄의 의미에 관해서 더 곰곰이 생각하게 됐다. 요양원에 계신 어르신들은 생의 마지막을 요양보호사 선생님들과 함께한다. 누군가의 마지막 생을 함께 한다는 게 얼마나 값진 일인가?

우리 요양원에서 일하시는 한 선생님은 자신에겐 요양보호사라는 직업이 천직이라고 말씀하셨다. 그는 요양보호사가 되기 전 여러 일과 사업을 했었다. 사업이 망하고 여러 일을 전전하다가 찾은 직업이 요양보호사다. 그분은 세상에서 이렇게 보람된 직업이 또 있겠느냐고 말했다. 때로는 자신이 돌보는 어르신들에게 많은 것을 배운다고 한다. 한 사람 한 사람을 예수님처럼 생각한다는 그분을 보며 어쩌면 하나님께서는 그분이 한 여러 일 중에서 이 일을 가장 귀하게 여기지 않을까 생각한다.

요양보호사 선생님들의 일상은 무척 분주하고 고되다. 종일 소리 지르는 어르신, 폭력적인 분, 욕하는 분, 집에 간다고 어린아이처럼 떼쓰는 분, 아이들처럼 서로 싸우는 분, 아이가 되어 자기만 생각하는 분들과 만나야 한다.

어르신들은 삼키는 능력이 많이 약해져 있기 때문에 특히 식사 시간이 되면 더 긴장한다. 질식 위험도 걱정되지만, 낙상도 걱정된다. 뼈가 약한 노인들은 낙상으로 골절되기도 한다. 이런 분들을 모두 세심히 돌보고 사고를 예방하는 게 요양보호사 선생님들의 일이다.

"이제 일이 익숙해지고 어르신들에게 정도 쌓이고 보람을 느껴요. 그래도 하루하루 전쟁 같아요. 항상 마음 졸이며 사고 안 나고 오늘도 무사히 지나가길 바랍니다."

매일 힘들게 일하시는 요양보호사 선생님들은 나이가 많은 편이다. 보통 50~60대 여성이 주를 이룬다. 몸에서 아픈 곳보다 아프지 않은 곳을 찾는 게 더 빠르다. 크지도 않은 체구로 하루 종일 어르신들을 들었다 놨다 하는 일을 오래 하니 몸이 망가진다. 특히 관절이 아픈 일이 많다.

코로나가 심각할 때는 요양원이 그야말로 전쟁터였다. 어르신도 힘들고 요양보호사 선생님들도 고생이 많았다. 동료들이 **121**

전염되면 쉬는 선생님들 몫까지 일하느라 너나없이 고생이었다. 요양보호사 선생님들이 매일 두세 명씩 코로나에 전염될 때는 살얼음판을 걷는 것 같았다.

페르시아제국의 의사였던 이븐 시나(Ibn Sina)는 이렇게 말했다.

"의학은 최상의 철학이다."

젊고 건강한 사람은 늙고 쇠약한 몸으로는 삶을 온전히 살 수 없을 거라고 생각한다. 그러나 그건 모르고 하는 소리다. 병든 사람은 몸과 마음의 일부 기능을 잃은 것일 뿐 그분들이 가진 마음과 몸은 여전히 온전하며 그분들의 삶도 나름대로 충만하다.

오히려 환자는 철학자처럼 우리에게 없는 능력을 발휘한다. 사람에 대한 순수한 관심, 열린 선의와 따뜻한 애정, 진정으로 감사할 수 있는 능력이 생긴다.

그래서 철학자나 다름없는 그들을 돌보는 요양보호사 선생님의 만남은 한없이 아름답다. 그들이 함께하는 삶의 마지막 여정을 바라볼 때마다 많은 것을 배운다. 여전히 돌봄의 가치를 인정받지 못하는 세상이지만 돌봄 노동의 가치를 인정받는 세상이 어서 왔으면 좋겠다.

아직도 우리나라는 돌봄을 비생산적인 일, 허드렛일, 여자가 집에서 공짜로 하는 일로 취급하는 게 일반적이다. 누군가를 돌본다는 건 그의 취약한 부분을 바라보고, 삶의 방식을 응원하며, 때로는 삶의 끝을 배웅하는 일이다. 누군가를 돌본다는 건 그의 기분을 살피고, 몸을 살피고, 하루를 살피는 일이다. 돌봄은 아이나 노인, 아픈 사람에게만 필요한 것이 아니라 살아가는 누구나 언제든지 필요하다.

우리는 지금, 이 순간에도 기꺼이 누군가를 돌보고 있고 누군가에게 돌봄을 받고 있다. 다른 사람을 돌보는 이들이야말로 이 시대의 스승이다. 삶의 무거운 짐을 내려놓고 떠나는 분들이 두렵지 않도록 도우며 우리 삶의 가치를 알게 해주는, 참된 스승이다.

치매라도
사랑해

"난 특별하지 않다. 그냥 상식적인 보통 사람이다. 보통의 삶을 살았고, 날 기리는 기념비도 없으며 내 이름은 곧 잊힐 것이다. 하지만 한 가지, 누구 못지않게 훌륭히 해낸 일이 있다. 난 온 마음과 영혼으로 한 여인을 사랑했고, 그것만으로 나는 여한이 없다."

영화 〈노트북〉은 노년의 남자가 거울을 보면서 독백하는 걸로 시작된다. 그의 머리는 빠질 대로 빠져서 얼마 남지 않았지만, 노인은 머리를 정성껏 손질한다.

노인의 이름은 노아, 그가 평생을 두고 사랑한 한 여인은 앨리다. 나이 든 앨리는 치매에 걸려서 노아를 알아보지도 못한다. 그런 앨리에게 노아는 노트북에 적힌 오래된 사랑 이야기를 들려준다. 바로 자신들의 이야기지만 앨리는 다른 사람이 쓴 연애소설을 읽듯 그 이야기를 따라간다.

가끔 컨디션이 좋은 날 앨리는 원래의 자신으로 돌아가 남편과 아이들을 기억한다. 그러나 그렇지 못한 날이 더 많다. 노아는 그런 아내의 모습을 보면 가슴이 아프지만 아내의 곁에 있다는 것만으로도 만족한다.

눈부시게 젊던 시절, 둘은 첫눈에 반해 사랑에 빠졌지만, 부유했던 앨리 집안의 반대로 헤어졌다. 1년 만에 다시 만난 두 사람은, 각자 만나는 사람이 있었는데도 사랑의 감정은 다시 폭발하고야 말았다. 노인이 된 노아가 말했듯 그는 온 마음과 영혼을 다해 앨리를 사랑했다. 그건 앨리도 마찬가지였다. 그러나 앨리에게 부유한 약혼자가 있고 앨리는 그에게 돌아가려고 했다. 그러자 노아가 앨리를 붙잡으며 이렇게 말했다.

"그래서 쉽진 않을 거야. 아주 힘들 거야. 매일 죽도록 싸우겠지만 사랑하니까 기꺼이 할래. 네 모든 걸 원해. 영원히. 매일 함께하는 거야."

마침내 노인이 된 노아와 앨리는 한 날, 한 시에 같은 침대에 누워 삶을 마감한다. 그들의 사랑은 죽음을 함께 맞음으로써 완성된다. '저런 사랑은 영화라서 가능한 거겠지?' 하고 생각했는데 놀랍게도 이 영화는 실화를 바탕으로 만들었다.

'사랑해'라는 말은 언제 들어도 사람을 행복하게 한다. 그런데 사랑한다는 말을 듣는 순간은 찰나에 불과하다. 그 순간에 **125**

영화 <노트북>의 한 장면

는 사랑한다는 말을 들려주는 상대를 사랑하는 건지, 사랑에 빠져 행복한 나를 사랑하는 건지도 불분명하다. 심지어 사랑한다는 말을 진실한 표현이 아니라, 그저 그 순간에 사랑한다는 말이 필요해서 할 때도 있다. 물론 둘이 함께 사랑에 빠지는 건 기적 같은 일이다. 그러나 순간을 넘어서 영원의 관점에서 보면 우리가 생각하는 사랑의 모습이나 빛깔은 크게 달라진다.

사랑은 빠지는 순간보다 빠지고 난 뒤에 어떻게 하느냐가 더 중요하다. 영화가 시작되는 장면에서 노아는 자신을 그저 상식적인 사람이라고 소개했다. 그러나 그는 처음 뜨겁게 사랑할 때 했던 약속을 평생 지켜내는 놀라운 일을 해냈다. 그래서 그 자신도 '그저 평범한 사람에 불과하지만, 한 여성을 사랑하는 일을 훌륭히 해냈다'라고 말한 것이다. 생각해 보면 우리는 사랑에 빠지는 데만 급급해서 사랑을 유지하고 완성하는 일에 대해서는 소홀하다.

여기서 사랑은 남녀 간의 사랑만을 이야기하는 게 아니다. 부모가 자식을 사랑하는 일, 자식이 부모를 사랑하는 일, 친구끼리 우정을 나누는 일도 영원의 관점에서 볼 수 있다. 모든 사랑에는 마라톤처럼 결승점이 있는데 우리는 출발만 중요하게 생각하고 중도에 달리기를 포기해 버린다. 너무 힘들고, 너무 길고, 너무 지친다는 이유로 말이다.

인간은 왜 동물이 아니고 인간일까? 인간이 인간다움을 증명하려고 할 때 절대 빼놓을 수 없게 사랑이다. 사랑은 인간이 존엄한 존재일 때 성립한다. 그래서 진실한 사랑은 신앙과 닮은꼴이다. 두 개념이 모두 초월을 전제로 성립된다. 사랑도 신앙도 눈에 보이지 않고 존재를 해명할 수 없다. 그러나 분명히 존재한다.

이는 사랑과 신앙의 가장 큰 공통점이다. 사랑을 믿지 않고 신앙을 갖지 않는 사람의 눈에서는 이 모든 게 유치하고 비합리적으로 보일지 모른다. 하지만 사랑과 신앙을 믿는 사람에게는 이 두 가지가 모두 심오하고 황홀하며 합리적이기까지 하다. 그만큼 강한 힘을 갖는다.

127

요양원에서 치매를 앓는 어르신을 보면서 사랑의 완성에 대해 생각한다. 어르신들에게 가장 두려운 병이 치매인데 평균 수명이 늘어남에 따라 치매 환자 수도 증가하고 있다. 2025년에는 국내 치매 환자가 100만 명을 넘어설 것으로 전망됨에 따라 치매는 특별한 누군가의 질병이 아닌 삶의 한 부분으로 바라봐야 한다.

젊을 때는 치매가 남의 이야기 같지만, 철의 여인 마거릿 대처와 제40대 미국 대통령 로널드 레이건도 치매를 앓았다. 이 병은 경과가 매우 나빠서 첫 3년은 시간 개념이 흐려지고, 그다음 3년은 공간 개념을 잃어버린다. 그 이후에는 사람을 알아보지 못한다. 그러다가 궁극에는 자신까지도 망각하게 되는 슬픈 병이다.

치매가 길게 이어지면 20년까지 병이 진행된다. 노아처럼 앨리를 끝까지 간호하며 사랑의 완성을 이뤄내는 것은 매우 어려운 일이다. 간병을 가족에게만 맡기는 건 무리이기 때문에 요양원에서 돌봐준다.

만약에 치매를 앓는 배우자를, 부모님을 집에서 돌보지 못하고 요양원에 보냈다면 그건 사랑을 완성하지 못한 거라고 봐야 할까? 그렇지 않다. 사랑은 요양원에서도 계속될 수 있다. 요양보호사 선생님들이 목욕을 시켜주고 침대에 눕혀드리면 어르신들은 제일 먼저 이렇게 말씀하신다.

"너무 좋아, 사랑해."

그리고 손을 잡으면 꼭 잡고 놓지 않으려 한다. 손을 놔야 주무시는 걸 도와드릴 수 있는데, 손을 놓지 않으니 번번이 잡고 뿌리치고를 반복한다. 보호자들은 부모님이 치매에 걸리기 전에 전엔 사랑한단 표현을 거의 한 적이 없다고 한다.

"저희 엄마가 이렇게 애교가 많은지 몰랐어요."

이런 말을 들으면 가끔 슬픈 생각이 든다. 어린아이처럼 사고가 퇴화했으니까 불안한 마음에 자신을 돌봐주는 사람에게 의지하는 것 아닐까? 손을 잡고 놓지 않는 건 버림받을까 봐 두려운 게 아닐까? 혼자 버려지고 싶지 않은 애절한 매달림이 아닐까? 그 모든 것이 요양보호사 선생님들에게 잘 보이려는 몸부림, 버려질지 모른다는 두려움에서 비롯된 본능이 아닐지 생각하면 가슴이 시리다.

하지만 꼭 그렇게 생각할 만한 일은 아니다. 치매로 사고가 퇴화해도 사랑은 여전히 가슴에 남아 있을 테니까. 아니, 오히려 어린아이들이 더 천진난만하게 사랑을 표현하는 걸 보면 치매 어르신들도 마찬가지가 아닐까.

나는 어르신들을 만날 때마다 "사랑해요"라고 말한다. "나도 사랑해요"라고 대답해 주시면 좋으련만 어르신들은 대부분 무응답이다. 어느 날 내게 "사랑해, 원장님" 하시는 분이 계셨다. 반가운 마음에 어르신께 짓궂게 물었다.

129

"정말요? 왜 사랑해요?"

그러자 어르신이 그 순간엔 수줍게 웃으셨다.

"아니, 원장님이 예쁘고 좋아서…."

그 말 한마디에 마치 화창한 봄볕이 내 마음 깊은 곳을 따뜻하게 비추는 것 같았다.

스스로 성장하는
사람들

언제나 사람과의 관계가 쉽지 않다. 특히 함께 일하는 공간에서 서로를 편안히 이해하고 진심으로 공감하며 일하기란 더욱 그렇다. 각기 다른 배경, 성향, 기호를 지닌 사람들이 모이면 크고 작은 갈등을 피할 수 없다.

요양원에는 다양한 사람들이 모인다. 역할도, 이해관계도 제각기 다르다. 종종 그 차이로 인해 서로의 가시에 상처를 입기도 한다. 그런데도 우리는 조금씩 서로를 이해하며 성숙해지고 있다. 여기서 일하는 사람들은 누군가를 돌봐야 하는 이들임에도, 그들 역시 아픔과 상처를 지닌 인간이다. 그들도 위로와 격려가 필요한 사람들이다. 나는 그런 이들을 따뜻하게 감싸안는 원장이 되고 싶다. 요양원에서 일하는 이들이 한마음으로 협력하기를 바라지만 그게 어디 그렇게 단순한 일인가. 우리는 서로 다르기에 충돌하고 그 다름을 조율해 가는 것이

어른의 몫이자 미덕이다.

요양원의 문을 연 지 얼마 되지 않았을 때, 한 요양보호사 선생님이 면접을 보러 왔다. 이야기 도중, 그녀는 갑자기 눈물을 흘렸다.

"텃세라고 하죠? 동료들에게 따돌림을 당하며 얼마나 힘들었는지 몰라요. 그때만 생각하면 눈물이 나요. 다시는 요양보호사 일을 못 할 거라고 생각했어요."

남편을 잃고 삶의 무게에 짓눌린 채 새롭게 시작한 일이었지만, 그곳에서 만난 차가운 시선과 따돌림은 그녀에게 깊은 상처를 남겼다. 그러나 그녀는 그 아픔을 다른 이에게 돌리지 않고, 오히려 승화시켰다. 채용된 후 신입 요양보호사가 들어오면, 누구보다 따뜻하게 맞이하며 다정한 선배가 되었다. 그녀의 상처는 그녀의 마음을 더 깊고 넓게 만들었고, 그 결과는 주변 사람들에게도 빛이 되었다.

또 다른 선생님은 요양보호사로서 첫발을 내디딘 초심자였다. 일에 서툴렀고, 그 때문에 일부 동료들에게 무시를 당하는 것 같았다.

"일이 힘들지 않으세요?"

한 번은 그녀의 고충을 알아차리지 못한 척 넌지시 물었다.

"하나님이 맡겨주신 영혼들을 돌볼 수 있는 일이라 너무 감사해요. 하지만 제가 서툴러서 다른 분들에게 피해를 주는 것 같아 늘 죄송하죠."

하소연을 늘어놓을 법도 한데, 그녀는 오히려 담담히 웃으며 대답했다. 그녀는 비록 능숙하지 않았지만, 꾸준함과 성실함으로 하루하루를 채워갔다. 그리고 마침내 동료들 중 몇몇이 그녀의 내면에 숨겨진 보석을 발견했다. 그 겸손함과 어르신을 향한 섬김의 마음이 동료들의 마음에 울림을 주었고, 훗날 그녀는 우수 직원으로 추천받아 상도 받았다.

이곳의 일터는 고되고 때로는 외롭지만, 그럼에도 고통을 딛고 다시 일어서는 이들이 있다. 나는 이곳에서 요양보호사 선생님들이 자기 일에 보람을 느끼고, 진정한 동료애를 나눌 수 있도록 돕고 싶다. 이를 위해 필요한 것은 따뜻한 이해와 배려다. 나는 요양원이 서로를 지지하며 상처를 치유할 수 있는 공간이 되기를 꿈꾼다.

요양보호사들의 하루는 쉽지 않다. 반복되는 힘든 일 속에서도 그들은 환자들에게 온전히 다가가려 노력한다. 우리는 누구나 늙고 병든다. 언젠가 우리도 누군가의 손길을 필요로 하는 날이 올 것이다. 그 손을 잡아주는 사람들이 바로 요양보호사들이다. 그들은 이미 오늘, 그 따뜻한 마음을 실천하고 있다. 이 글을 통해 그들의 헌신과 사랑에 깊은 감사의 마음을 전하고 싶다.

133

4부

이런 요양원을
선택하세요

어르신과
반려견

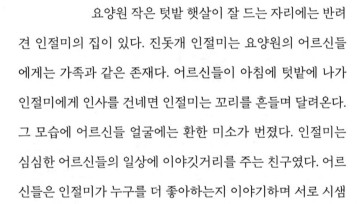

요양원 작은 텃밭 햇살이 잘 드는 자리에는 반려견 인절미의 집이 있다. 진돗개 인절미는 요양원의 어르신들에게는 가족과 같은 존재다. 어르신들이 아침에 텃밭에 나가 인절미에게 인사를 건네면 인절미는 꼬리를 흔들며 달려온다. 그 모습에 어르신들 얼굴에는 환한 미소가 번졌다. 인절미는 심심한 어르신들의 일상에 이야깃거리를 주는 친구였다. 어르신들은 인절미가 누구를 더 좋아하는지 이야기하며 서로 시샘하기도 하셨다.

"우리 인절미가 어제 나한테 와서 폭 안기지 뭐야."

"내가 가면 뭘 주나 하고 내 손만 바라봐."

"고놈, 참 진돗개 아니랄까 봐 아주 영특해."

그런데 그 소중한 존재가 하루아침에 사라지는 일이 생겼다. 인절미가 보이지 않는 것이다. 텅 빈 인절미의 집을 보며 가슴이 덜컥 내려앉았다. 경찰에 신고하고, 가족들과 함께 동네를 샅샅이 뒤졌다. 전단을 붙이고, SNS에 인절미를 찾는 글을 올렸다. 그러던 중 한 어르신께서 말씀해 주셨다.

"인절미가 사라지던 날, 까만 옷을 입은 남자가 요양원 근처를 서성이더니 개집 쪽으로 갔었어."

그 이야기를 들은 어르신들은 불안해하셨다. 울음까지 터뜨리시는 분도 있었다.

"혹시 개장사가 잡아간 게 아닐까?"

"우리 인절미가 잡아먹히면 어쩌나…"

어르신들은 만날 때마다 사라진 인절미를 걱정하며 인절미가 돌아오기를 입을 모아 간절히 기도했다.

근심이 깊어지던 때, 좋은 소식이 들려왔다. 실종된 지 사흘째, 경찰서에서 연락이 왔다. 경찰이 CCTV를 분석한 끝에 인절미가 있는 위치를 파악한 것이다. 인절미는 요양원에서 20킬로미터 떨어져 있는 공터에 있었다. 이 소식을 어르신들께 제일 먼저 알리자, 어르신들은 손뼉을 치며 기뻐하셨다. 몇몇분들은 감사의 기도를 올리며 손을 모으셨다.

"감사합니다, 하나님"

"우리 인절미가 살아 있었구나."

인절미가 돌아오는 날, 어르신들은 마당에 나와 인절미를 기다렸다. 차에서 내린 인절미는 낯익은 얼굴들을 보자마자 꼬

인절미가 돌아오는 날, 어르신들은
마당에 나와 인절미를 기다렸다.
차에서 내린 인절미는 낮익은 얼굴들을 보자마자
꼬리를 힘차게 흔들며 달려가 안겼다.
"우리 강아지! 아이고, 얼마나 고생했니?"
"살아와 줘서 정말 고마워."

The Poet's Garden

리를 힘차게 흔들며 달려가 안겼다.

"우리 강아지! 아이고, 얼마나 고생했니?"

"살아와 줘서 정말 고마워."

어르신들은 차례로 인절미를 꼭 안아 올리며 다정하게 쓰다듬었다. 그 모습을 보며 나는 인절미가 어르신들에게는 위로 같은 존재였고, 친구였고, 삶의 활력소였음을 새삼 깨달았다. 그리고 인절미가 요양원의 어르신과 직원들과 얼마나 깊게 연결된 존재인지 알았다. 어르신들에게 인절미는 단순한 강아지가 아니라, 하루의 기쁨이었고, 삶을 더욱 풍요롭게 해 주는 소중한 친구였다.

이 일을 겪고 요양원에서는 인절미의 안전을 더욱 철저히 지키기로 했다. 울타리를 보강하고, 직원들과 어르신들이 함께 인절미를 돌보았다. 인절미가 돌아오고 어르신들의 하루는 더욱 활기차졌다.

인절미와 어르신의 관계를 보면서 요양원에서 강아지나 고양이를 키우는 일이 얼마나 유익한지 알게 되었다. 반려동물을 돌보면서 손 근육이 단련되고, 과거 아이를 돌보던 기억이 되살아나면서 정신적으로도 활력이 생길 것이다. 또 동물을 쓰다듬고, 함께 산책하면서 운동 효과도 얻을 것이다. 어르신들이 직접 반려동물들을 보살피며 삶의 기쁨을 얻는다면 그보다 더 좋은 요양원 생활이 어디 있을까.

139

어서
우리 집에 가자

어르신들이 보호자와 함께 요양원에 들러 상담을 진행할 때마다 그들의 표정은 대부분 비슷하다. 두려움이랄까, 불안이랄까 그런 착잡함이 표정에서 묻어난다. 그럴 만도 한 게 요양원에 들어온다는 사실은 어르신들의 마음을 무겁게 한다. 요양원은 한번 들어오면 죽어야 나갈 수 있는 곳이라고 오해하기 때문이다.

그래서 나는 불안한 표정으로 앉아 있는 어르신에게 이렇게 말씀드린다.

"어르신, 여기서 건강해지셔야죠. 잘 드시고 건강하게 몸 관리 잘해서 댁으로 다시 가실 거예요."

보통 요양원에서 보내는 첫날 어르신들은 거의 주무시지 못하시고 말씀도 하지 않는다. 우울한 표정으로 앉아서 텔레비전만 보거나 멍하니 앉아 계시는 경우가 많다. 새로운 환경에 아직 적응하지 못한 이유도 있지만 보호자에게 버려졌다는 생각에서 벗어나지 못하고 부정적인 생각이 꼬리를 물고 이어지는 것이다.

그래서 나는 우리 요양원에 온 어르신들에게 안정감을 주는 걸 중요하게 생각한다. 우선 어르신들이 모두 집에 갈 수 있다는 희망을 품고 다시 건강해지시도록 최대한 돕는다. 나중에는 요양원 생활에 만족해서 집에 갈 수 있게 돼도 어르신이 직접 "집에 안 가고 여기서 살 거야."라고 하시는 요양원을 만드는 게 꿈이다. 가끔 "여기가 내 집인데 어딜 가?"하고 말해주시는 어르신들이 있다. 그런 이야기를 들을 때마다 내 소원을 이룬 것 같아서 행복하다.

안정감 다음으로는 소통이 중요하다. 슬픈 일이지만 노인이 되면 이야기를 귀담아들어 줄 사람이 줄어든다. 어르신들이 하는 말은 보통 지루하고 같은 말을 반복해서 젊은 사람들은 어르신들이 하는 말을 듣기 싫어한다. 요양보호사 선생님들이 말씀을 들어주긴 하지만 돌봐야 할 어르신의 수가 많아서 한 분, 한 분의 이야기를 다 들어줄 수 없다.

그래서 우리 요양원에는 말벗 선생님이 어르신들과 시간을 보내도록 한다. 그리고 말벗 선생님은 어르신들과 나눈 이야기를 나에게 수시로 전해주곤 한다.

"집에 가고 싶다는 말도 하시고 요양원에서 함께 생활하는 **141**

친구 하나가 마음에 들지 않는다 이런 얘기도 많이 털어놓으세요."

어르신들도 마음을 털어놓을 친구가 필요하다. 원하지 않는 일을 해야 해서, 혹은 원하지 않는 생활에 자신을 맞춰야 해서 생기는 불만을 입 밖으로 꺼내 해소할 수 있어야 한다. 사람은 누구나 목소리를 내는 것만으로도 굉장한 힘을 얻는다. 반대로 목소리를 잃어버린 사람은 자신의 권리를 주장할 수 없다.

그렇게 불만을 털어놓고 나면 다음으로는 어르신들이 하고 싶은 일을 이야기하신다. '놀러 가고 싶다', '집에 가고 싶다', '자녀들이 보고 싶다', '어릴 때 살던 동네에 가보고 싶다' 등등. 어르신들의 바람도 열이면 열 여러 가지로 다양하다. 바람이 다 이뤄질 수 없지만 역시나 터놓고 이야기하는 것만으로도 커다란 위로가 된다.

이야기를 잘 들어주는 것만큼 중요한 건 따뜻한 분위기다. 특히 요양원 하면 떠오르는 특유의 삭막한 분위기를 없애고 싶었다. 그래서 어르신들이 재미있게 즐길 수 있는 시설이 있으면 좋겠다고 생각했고 요양원 내에 여러 시설을 만들었다. 첫째가 찜질방이었다.

여성 어르신들을 위한 공간으로 파우더룸도 만들었다. 어르신들이 마음껏 꾸미고 화장하고 머리 손질도 할 수 있게 하기 위해서다. 아무리 나이가 들어도 우리 안에 있는 여자는 나이

"오랜만에 외출해서 쇼핑도 하고 식사도 했는데
엄마가 그러시는 거예요.
피곤하니까 인제 그만 우리 집에 가자고.
엄마가 요양원을 우리 집이라고 하셔서
얼마나 마음이 놓였는지 몰라요."

Apple Blossom

들지 않는다. 그러나 생각보다 어르신들이 많이 이용하지 않아서 서운하기는 하다.

마지막으로 우리 집 같은 요양원을 만들기 위해서는 보호자의 협조가 필요하다. 코로나 시기를 거치면서 요양원 내에서 보호자의 역할이 많이 위축됐다. 지금은 다시 보호자와 어르신이 자유롭게 만나고 있다. 가족을 만나면 어르신의 건강이 좋아지는 경우가 많다.

자녀들 가운데는 부모님을 요양원에 모시면서 죄책감을 느끼는 이들이 있다. 그래서 요양원에 지나치게 간섭하고 과한 기대를 하기도 한다. 그러나 부모님께 죄송할수록 요양원을 의심의 눈초리를 보지 말고 신뢰해야 한다. 노인에 대한 전문적인 지식과 애정을 가진 사람들이 잘 모시고 있으니 걱정하지 않았으면 한다.

요양원을 운영하면서 돌봄이 복지사나 간호사, 요양보호사 선생님들만 잘해서는 완전할 수 없다는 걸 느꼈다. 보호자의 협조와 철학이 없으면 돌봄은 완성될 수 없다. 예전에 한 의사 선생님이 강연에서 이런 말을 했다. 그 의사 선생님은 고령의 환자가 너무 고통스러워해서 연명치료를 정리하기로 할 때 환자에게 이렇게 묻는다고 했다.

"어르신, 아들 있으세요?"

의사 선생님의 말씀은 이랬다. 부모가 고통스럽게 투병할 때는 무관심했던 자녀가, 연명치료를 중단하면 부모님을 살려내라고 항의한다는 것이다. 나는 세상의 모든 요양원이 내 집 같은 요양원이 될 수 있게 보호자도 관심과 사랑을 가져야 한다고 생각한다.

그만큼 보호자의 역할이 중요하다. 요양원 운영이 마음먹은 대로 되지 않아서 지칠 때 보호자의 신뢰가 다른 무엇보다 큰 힘이 된다. 한번은 어머니를 데리고 외출했던 보호자가 나에게 이렇게 말했다.

"오랜만에 외출해서 쇼핑도 하고 식사도 했는데 엄마가 그러시는 거예요. 피곤하니까 인제 그만 우리 집에 가자고. 엄마가 요양원을 우리 집이라고 하셔서 얼마나 마음이 놓였는지 몰라요."

그 어르신은 바깥바람도 좋지만 내 집 같은 요양원에서 쉬고 싶으셨던 거다. 따님에게 그렇게 말씀하셨다는 게 무엇보다도 큰 감동이었다.

"빨리 집에 가자고 하셔서 밖에 더 있지 않고 돌아왔어요."

밝게 웃는 보호자의 얼굴을 보면서 큰 보람을 느꼈다.

'내가 어르신들의 보호자이자 안식처를 책임지는 사람이구나.'

145

어깨너머의
죽음

국어사전에 '임종'이라는 단어를 찾아보면 '죽음을 맞이함', '부모가 돌아가실 때 그 곁을 지키고 있음'이라고 되어 있다. 그래서일까, 임종이라는 단어는 다른 단어들과 다르게 보기만 해도 마음이 무겁다.

죽음을 대하는 인간의 가장 일차적인 반응은 두려움이다. 우리는 자신이 언젠가는 죽는다는 사실을 떠올리기만 해도 두려움을 느낀다. 그뿐만 아니라 가족, 가까운 사람, 지인의 죽음에도 크게 충격을 받는다.

그러나 우리 중에 누구도 죽음을 피할 수 없다. 살아 있는 사람은 모두 죽는다는 사실은 인생사의 가장 공정한 부분이다. 태어난 이상 인간은 반드시 죽는다. 다만 죽음을 긍정적으로 보는가, 부정적으로 보는가 하는 차이가 있을 뿐이다. 모두가 영원한 휴식을 얻는 거라고 볼 수도 있고 누구도 피할 수 없는 무차별적인 폭력에 얻어맞는 거라고 볼 수도 있다.

요양원 두 곳을 운영하면서 지금까지 많은 어르신을 하늘로 보내드렸다. 일반적인 요양원은 어르신이 곧 사망할 것 같으면 병원으로 보낸다. 그런데 대개 어르신과 가족은 병원에서 임종을 맞는 걸 원하지 않는다.

우리 요양원에 계셨던 어르신들도 마찬가지다. 가족들에게 작별 인사도 못 한 채 낯선 사람들 틈에서 외롭게 죽기 싫다는 게 이유다. 죽음을 앞둔 어르신들을 요양원에서 병원으로 옮기면 보통은 오래 버티지 못하신다. 주삿바늘이 몸을 찌르고 종일 시끄럽고 불빛에 눈이 부셔서 잠들기도 어렵다고 한다. 이렇게 사람과 환경이 한꺼번에 바뀌면서 낯설어서 힘들어하시다가 돌아가시는 거다. 병원이라는 낯선 공간이 어르신들에게는 그 자체로 충격이 될 수 있다.

그래서 어르신들은 집처럼 익숙한 우리 요양원에서 돌아가시고 싶다고 하셨다. 나도 가시는 길이 너무 쓸쓸하고 외롭지 않았으면 하는 마음에서 익숙하고 편안한 곳에서 가실 수 있게 도와드려야겠다고 생각했다.

"임종을 지켜볼 때 무섭지 않으세요?"

요양원을 운영한다고 하면 비슷한 질문을 많이 받는다. 나도 처음에는 죽음을 목격하는 일이 두려웠다. 죽음이 항상 가까이에, 어깨너머에 존재하는 것 같았다. 그러나 점점 무서움보 **147**

다는 아쉬움과 후회로 인해서 힘들었다. 정들었던 사람을 다시 볼 수 없다는 생각과 더 잘 해드리지 못했다는 후회감, 자주 더 얼굴을 보고 이야기를 나누지 못했다는 생각에 며칠 동안 밤에 잠을 이루지 못했다.

몇 년 전 남편의 죽음도 바로 옆에서 지켜봤는데 그 고통도 이만저만이 아니었다. 죽음은 대할 때마다 남편을 잃었을 때의 상실감과 상처가 트라우마가 되어 돌아왔다. 어떤 상황에서도 면역이 생기지 않는 게 죽음을 마주하는 일인 것 같다.

그러나 죽음은 경이롭다. 떠나는 분들을 배웅할 때마다 나는 확신한다. 한 인간의 생명이 죽음으로 끝나는 게 아니라는 걸. 육신은 땅에서 사라지지만 영혼은 우리가 상상하지 못하는 곳으로 떠나서 영원히 휴식한다고 믿는다. 그러면 죽음을 향한 두려움도 옅어진다.

우리 요양원은 죽음이 바투 다가온 어르신을 혼자 두지 않는다. 자녀분이 도착하지 못하면 직원이 자녀들을 대신해 어르신 곁을 지킨다. 바로 옆에서 찬양하고 기도도 해드린다. 그래서 고마움을 표현하는 보호자들이 많다.

한번은 임종을 맞은 어르신의 자녀분들이 멀리 있어서 임종을 지키지 못한 일이 있었다. 두 사람은 장례를 치르는 도중에 달려왔는데 얼굴이 온통 눈물범벅이었다. 그렇게 아픔 속에서 어머니를 보내고 동요된 마음이 가라앉은 후에 원장실로 찾

"임종을 지켜볼 때 무섭지 않으세요?"
나도 처음에는 죽음을 목격하는 일이 두려웠다.
죽음이 항상 가까이에,
어깨너머에 있는 것 같았다.

At Eternity's Gate

아왔다. 그분들은 나에게 어머니의 임종을 지켜줘서 고맙다고 했다. 그리고 봉투를 내밀었다.

"저희 어머니를 위해서 찬양도 계속 불러주시고 기도도 해주시고 편안하게 가시도록 해주셨다고 들었습니다. 저희도 못한 일을 해주셔서 정말 고맙습니다. 좋은 곳에 이 돈을 써주세요."

내가 해야 할 일을 했다고 생각했기 때문에 고마운 마음만 받고 봉투는 끝내 거절했다.

자녀분들은 내가 어르신을 편안하게 보내드렸다고 했지만, 어르신의 마지막 모습에서 위로받은 사람은 나였다. 어르신의 평온한 얼굴을 보면서 나는 어르신이 천국에 갈 거라는 걸 확신했다. 여러 번의 죽음을 지켜보면서 알게 된 사실인데 마지막 가는 길이 유독 힘든 분들이 있다. 당장 하루 이틀 사이에 돌아가실 것 같은데 그런 채로 한 달을 버티는 경우도 있었다.

그렇게 죽음이 고통스러울 때 죽음을 맞은 이는 공포에 사로잡힌다. 그래선지 요양보호사 선생님들도 임종 전 특별실에 들어가기 무서워한다. 그렇게 죽음의 다양한 모습을 보면서 죽음이라는 걸 어떻게 받아들여야 하는지 생각했다.

이 세상에만 삶이 존재한다고 보는 사람에게 죽음은 끝이고 종말이다. 그러면 죽음이 두렵고 공포에 사로잡히기 쉽다. 그
150 런데 하나님이 그곳에서 우리를 기다린다고 생각하면 죽음도

기쁜 일이 될 수 있다. 기쁘고 편안하게 죽음을 맞는 어르신들을 보면서 나는 다시 한번 천국이 있다고 굳게 믿었다.

죽음은 영원한 작별이고 슬픈 일이지만 한편으로는 삶의 고단함을 다 내려놓고 휴식으로 들어가는 길이기도 하다.

이러한 믿음이 강해지면서 어르신들의 마지막 가시는 길을 함께 하는 내 직업에 사명감이 생겼다. 그래서 어르신들이 눈을 감기 전에 나는 꼭 이렇게 말하곤 한다.

"고생 많으셨어요. 이 땅에서 얼마나 애쓰셨어요? 이제 편히 쉬세요."

죄책감을
갖지 마세요

"엄마, 미안해."

"잘 지내, 자주 올게."

요양원에 부모님을 맡기고 돌아서는 자식의 뒷모습을 바라보면 내 마음도 무겁게 가라앉는다. 어르신이 요양원에 입소를 신청하고 방을 배정받고 자녀들이 요양원을 나설 때, 어떤 자녀들은 눈물을 보이곤 한다.

어떤 사람들은 요양원을 부모를 버리는 곳으로 인식해서 자신을 향하는 사회적 평가에 민감하게 반응한다. "왜 부모님을 직접 모시지 않느냐?"는 비판을 받을까 두려워하기도 한다. 부모와의 관계가 깊고 돈독했던 이들은 부모를 다른 곳에 맡긴다는 데서 비롯된 정서적인 갈등을 심하게 겪는다.

부모님을 직접 모시고 싶어 하지만 현실은 자녀의 바람을 따라주지 않는다. 맞벌이해야 하는 가정, 돌봄의 전문성이 필요한 상황 등 가정마다 사연은 다르지만 대개 비슷하다. 우리 속담에 "한 부모가 열 자녀를 키우는 건 가능해도, 열 자녀가 한 부모를 모시는 건 어렵다."는 말이 있다. 이 현실적인 말이 보호자들의 가슴을 서늘하게 적신다.

부모님을 요양원에 맡기는 결정은 그 누구에게도 쉬운 일이 아니다. 이 결정에는 부모님을 사랑하는 마음, 최선을 다하려는 노력, 그리고 현실적인 한계까지 많은 요소가 얽혀 있다. 많은 사람이 이 과정에서 '힘들어도 우리가 감당해야 옳은 것 아닌가?'하며 죄책감을 느끼고 자책하기도 한다.

부모님을 요양원에 모신 뒤 죄책감에 시달리는 자녀들을 많이 만났다. 먹고살기 위해, 가족의 생계를 이어가기 위해 너무 쉽게 부모님을 포기한 건 아닐까 하는 자책이 이들의 가슴을 무겁게 짓누른다.

나는 요양원에 부모님을 맡기는 보호자들에게 말해주고 싶다. 요양원에 부모님을 모신 것은 사랑과 책임이 담긴 용기 있는 선택이었다는 것을. 당신이 요양원으로 부모님을 보낸 것은 당신이 편하자고 선택한 길이 아니라는 것을. 오히려 그분들을 더 잘 모시기 위해, 더 좋은 환경에서 돌봄을 받을 수 있도록 고민 끝에 내린 결정이니 너무 자책하지 말라고 말이다.

죄책감은 당신이 부모님을 얼마나 사랑하는지 보여주는 마음의 또 다른 이름이다. 부디 죄책감이 보호자의 가슴을 짓누 **153**

르지 않았으면 한다. 부모님은 요양원에서 안전하고 전문적인 돌봄을 받고 계신다. 여기에 보호자의 관심과 방문이 꾸준하게 이어지면 어르신에게 큰 위로가 될 것이다.

아직도 우리는 부모님을 집에서 모시고 살아야만 효도라고 생각하지만, 사실 효도의 의미는 훨씬 넓다. 부모님이 진정으로 필요한 도움을 제공하고 삶의 질을 높이는 선택을 하는 것이 현대적 의미의 효도가 아닐까.

요양원에서 부모님은 더 안전한 환경에서 의료적인 도움과 간병을 받을 수 있다. 새로운 친구를 사귀고 활동에 참여하며 새로운 일상을 만들어 갈 수도 있으니 너무 걱정하지 않았으면 한다.

"엄마, 거기 음식 괜찮아? 잘 지내고 있지. 친구는 좀 사귀었어?"

이렇게 자주 전화로 안부를 묻고 세세하게 관심을 기울이며 부모님의 이야기를 정성스럽게 들어드리면 어떨까? 죄책감에 짓눌리기보다 부모님을 위한 더 나은 환경을 제공했다는 긍정적인 마음으로 부모님을 더 자주 찾아뵙고 따뜻한 시간을 함께 나누었으면 좋겠다.

어쩌면 부모님은 자책감에 빠진 당신에게 이렇게 말씀하실지도 모르겠다.

"내가 여기 있어도 네가 내 곁에 있는 거나 마찬가지야. 그러니까 너무 걱정 말고 너도 네 삶을 잘 살아."

당신이 부모님을 위해 최선을 다했음을 부모님도 알고 있을 것이다. 부모님은 당신이 얼마나 노력했는지, 얼마나 사랑했는지 누구보다 잘 알고 계신다. 그러니 너무 슬퍼할 필요 없다. 당신이 힘들면 부모님께도 좋은 영향을 줄 수 없다. 무엇보다 당신은 이미 충분히 좋은 자녀다.

요양원에 부모님을 맡기는 보호자들에게 해주는 말이 있다.

"부모님을 요양원에 모시는 결정을 하신 건 그분들이 더 좋은 환경에서 전문적인 돌봄을 받으실 수 있도록 하기 위함이에요. 이 결정이 부모님을 사랑하기 때문에 내린 용기 있는 선택이라는 것을 잊지 마세요."

"모든 것을 혼자 감당하려고 애쓰기보다 부모님께 더 나은 도움을 줄 수 있는 방법을 찾아보세요. 그렇게만 해도 당신은 충분히 최선을 다하고 있는 거예요. 자신을 너무 몰아붙이지 마세요."

"돌봄에는 체력과 시간이 필요하고 우리의 상황에는 한계가 있어요. 부모님께 최선을 다하려는 당신의 마음이 이미 부모님께 큰 사랑으로 전해지고 있을 거예요."

"부모님께서 요양원에서 더 많은 사람과 교류하고 안전하고 전문적인 보살핌을 받는다면, 그것이야말로 진정한 효도 아닐까요?"

155

"당신과 같은 선택을 한 분이 많고 그 누구도 가벼운 마음으로 결정하지 않았어요. 당신이 느끼는 감정은 부모님을 얼마나 사랑하는지 보여주는 증거랍니다."

"요양원에 계신다고 해서 부모님과의 관계가 멀어지는 건 아니에요. 오히려 자주 찾아뵙고 시간을 보낼 때마다 부모님께 더 큰 사랑과 위로가 될 거예요."

"집에서 돌봤다면 엄마가 더 행복했을까요?"

"부모님은 당신이 얼마나 노력했는지 누구보다 잘 아실 거예요."

죄책감이 고개를 들 때 이런 말들을 기억했으면 한다.

간이 편의점

요양원의 오후는 보통 조용하다. 어르신들은 각자의 생활실에서 텔레비전을 보거나 각층 로비로 나와 담소를 나누기도 하지만 대개 평온하다. 그 고요한 시간이 조금은 소란스럽고 활기찼으면 좋겠다는 생각에 요양원 1층 한쪽에 '간이 편의점'을 열었다. 시설장의 아이디어였다. 어르신들을 위한 깜짝이벤트로 시작했는데 의외로 반응이 좋았다. 어린이집에서 아이들이 시장 놀이를 하듯 시작한 간이 편의점은 어르신들이 많이 찾는 장소가 되었다. 간이 편의점 진열대 위에 다양한 간식을 올려놓았다. 사르르 녹는 뻥튀기, 달콤한 카스텔라, 옛날 전병 과자 그리고 보호자님들이 사다 주신 간식까지. 참새가 방앗간을 그냥 지나치지 못하는 것처럼 어르신들은 하루에도 몇 번씩 간이 편의점을 찾았다.

그렇다면 이 간식은 어떻게 살 수 있을까? 경제활동을 하지 않는 어르신들에게 물건을 파는 이상한 요양원이 아닌데 말이다. 답은 '가짜 돈'이다. 어르신들께 장난감 돈을 드리면 어르신은 1층에 있는 간이 편의점에 내려가 드시고 싶은 간식을 사시는 것이다. 그러니 공짜 편의점인 셈이다.

간이 편의점을 가면 어르신들의 얼굴에는 행복한 고민이 가득하다. 간식을 고르는 얼굴이 사뭇 진지하다.

"뭐가 제일 맛있어?"

"난 초콜릿이 좋은데 그건 왜 없어?"

"나는 이거!"

"우리 아들이 좋아하던 쌀과자가 여기 있네."

"나는 컵라면 살래. 내가 어릴 적엔 이게 그렇게 귀한 거였거든."

간식을 먹으며 "옛날 학교 앞에서 먹던 그 과자네!"라며 추억을 이야기하는 분들도 있었다. 자기 것도 먹어보라며 서로 간식을 나누어 드시기도 했다.

"원장님, 뭐 드시고 싶어요? 내가 오늘 쏠게요!" 하며 호기를 부리시는 분도 있었다.

보통 요양원에서는 식사나 간식을 정해진 시간에 제공한다. 하지만 간이 편의점에서는 언제든 자기가 원하는 것을 사서 먹을 수 있다. 직접 간식을 선택할 수 있다는 것 자체가 어르신들에게 작은 설렘이 되었다. 간이 편의점을 이용하면서 어르신들은 자율성과 선택의 기쁨을 얻었다. 본인이 원하는 과자를 고르고 구매하면서 어르신들은 작은 자유를 누리는 것 같았다. 또한, 사회적 교류도 활발해졌다. 어르신들은 서로 "오늘은 뭘 사셨어요?" "이 과자가 맛있네! 자네도 사 먹어 봐"라며 대화를 나누었다.

또한 어르신들의 기억과 감각이 살아나는 것 같았다. 계산하면서 숫자를 세고, 필요한 돈을 맞춰 지급하면서 자연스럽게 인지 능력도 자극되었다. 그 외에도 좋은 점이 많았다. 다른 사람들과 공통된 주제로 대화하면서 정서적 안정감을 얻고 사회적 고립감을 줄일 수 있었다. 과거 시장에서의 경험을 떠올리며 추억을 회상함으로써 정서적 만족감을 느꼈다. 또한, 어린이들이 하는 시장 놀이 효과처럼 간이 편의점 활동은 어르신들의 인지 기능 향상, 소근육 및 대근육 운동, 자립심 강화에도 도움을 주었다. 물건을 사고파는 과정에서 사고력과 기억력이 자극되며, 돈을 세고 지급하는 과정에서 자연스럽게 손의 소근육을 사용하기 때문이다. 실제 시장을 이용하는 것과 유사한 경험을 통해 실생활에서 경제활동을 연습하며, 독립적인 활동을 할 수 있다는 점도 큰 의미가 있었다. 단순한 놀이 같았지만, 이러한 활동은 어르신들에게 삶의 활력을 불어넣는 데 큰 역할을 했다. 가짜 돈이지만, 그 돈이 만들어낸 시간과 감정은 결코 가짜가 아니었다.

159

하루는 한 어르신이 내 손을 꼭 잡으며 이렇게 말했다.

"원장님, 간식 고르는 재미로 요즘 하루가 신나."

이처럼 간이 편의점은 어르신들에게 삶의 활력을 주고 에너지를 주고받는 공간이 되었다. 편의점 말고 또 어떤 방법으로 어르신들에게 작은 행복을 선물할 수 있을까? 따뜻한 가짜 돈이 만들어낸 진짜 행복이 오래도록 이어지기를 바라면서 오늘도 간이 편의점 문을 활짝 연다.

이런 요양원을
선택하세요

우리 요양원에서 가장 오래 계신 분은 김○○ 어르신이다. 클래상스요양원이 문을 열고 첫 입소를 하셨던 분인데, 지금까지도 우리와 함께하고 계신다. 세월이 흐르면서 보호자 가족과도 친해져, 이제는 정말 가족 같은 기분이 들기도 한다.

가끔 이전에 머물렀던 요양원에 대한 불만을 이야기하며 우리 요양원으로 입소하시는 분들도 있다. 대개 요양원의 서비스가 만족할 만한 수준이 아닐까 봐 걱정하며 찾아오신다. 다행히 우리 요양원은 입소했던 분이 크게 만족하고 다른 가족까지 함께 입소하는 경우가 많다. 지인의 소개로 오는 경우도 적지 않다. 이런 신뢰 덕분에 그래도 운영을 잘하고 있구나 하는 작은 자부심을 느낀다.

한 번은 보호자 가족 중에 요양원을 시작하신 분이 있었다.

161

어머니를 모시고 가려 했지만, 어르신께서는 "여기가 우리 집인데 어딜 가?"라며 단호히 거부하셨다. 결국 그분은 우리 요양원에 계속 머물기로 하셨다.

사랑하는 가족을 요양원에 보내야 하는 순간은 누구에게나 쉽지 않은 선택이다. 요양원은 죽기 전에 머무는 장소가 아니라, 남은 삶의 질을 결정짓는 중요한 공간이다. 보호자로서 최선의 결정을 내리기 위해 고민이 깊을 수밖에 없다. 요양원을 선택할 때는 한 번 입소하면 장기간 생활하는 곳이니만큼 더욱 신중해야 한다.

가장 먼저 고려해야 할 것은 거리와 접근성이다. 요양원이 너무 멀면 보호자가 자주 방문하기 어렵고, 이는 어르신의 정서적인 안정에도 영향을 미칠 수 있다. 가까운 곳이라면 더 자주 방문해서 어르신의 상황을 확인하고 함께 시간을 보내는 일이 쉬워진다. 특히 교통이 편리한 곳이라면 갑작스러운 상황에서도 신속히 대응할 수 있다. 요양원의 거리는 물리적인 거리 이상의 의미를 지닌다. 그것은 마음의 거리이기도 하다.

다음으로는 청결과 안전이 중요하다. 난간, 미끄럼 방지 바닥, 응급 호출 버튼 같은 안전 설비뿐 아니라, 햇볕이 잘 들고, 환기가 잘 되고 소음이 적은 쾌적한 환경인지도 살펴야 한다. 청결과 안전이 보장돼야 삶의 마지막 순간까지 편안함을 느낄 수 있는 집의 역할을 다할 수 있다. 이를 살펴보려면 직접 방문해서 시설의 분위기를 살펴보고 냄새와 소음까지 세심히 확인하는 과정이 필요하다.

서비스와 프로그램의 질도 놓쳐서는 안 된다. 의료 서비스가 잘 갖춰져 있는지, 건강 상태를 정기적으로 점검하고 필요한 치료를 받을 수 있는지 확인해야 한다. 더불어, 신체 활동, 인지 재활, 취미 활동 등 어르신의 삶을 풍요롭게 하는 다양한 프로그램이 제공되는지도 중요하다. 이런 프로그램은 어르신의 정서적인 안정과 삶의 질 향상에 큰 도움이 된다.

그리고 무엇보다 요양원의 진짜 가치는 직원들에게서 드러난다. 직원들이 어르신들을 존중하고 사랑하며, 진심 어린 태도로 대하는지 관찰해야 한다. 또한 전문성을 갖춘 직원이 충분한지, 입소자 대비 간병 인력이 적정 비율인지도 살펴야 한다. 인력이 부족한 요양원에서는 아무리 시설이 좋아도 제대로 된 돌봄을 기대하기 어렵다.

비용과 정책 또한 현실적으로 중요한 요소다. 기본 요금 외에 추가 비용이 발생할 수 있는 항목들을 꼼꼼히 따져보고, 정부 지원 혜택이나 장기요양보험 적용 여부도 확인하자. 방문 정책, 응급 대처 방안 같은 운영 정책도 노인의 생활과 보호자의 계획에 큰 영향을 미칠 수 있다.

요양원을 선택할 때는 무엇보다 부모님의 의견을 존중하는 것이 중요하다. 아무리 시설과 서비스가 훌륭해도, 부모님이 **163**

마음 편히 머물 수 있는 곳이 아니라면 좋은 선택이 될 수 없다. 가족들과 함께 요양원을 방문해 시설을 둘러보고, 다른 입소자나 가족들과 이야기를 나누며 분위기를 파악하는 것이 필요하다.

좋은 요양원이란 단순히 머무는 장소가 아닌, 삶의 마지막을 품어주는 공간이어야 한다. 요양원은 부모님의 남은 삶을 보살피는 동시에, 보호자에게도 따뜻한 위로와 안심을 주는 곳이어야 한다. 사랑과 책임을 담아 신중히 선택한 요양원은 부모님에게는 행복한 안식처가 되고, 보호자에게는 후회 없는 선택이 될 것이다.

이 글을 마치며, 나는 다시 자문해 본다. "우리 요양원은 그런 공간이 되고 있는가?" 오늘도 그 질문에 답하기 위해 노력한다. 사랑과 헌신으로 어르신들의 삶을 품어줄 수 있는 공간을 만들기 위해, 우리 요양원 식구들은 매일 자신을 돌아보고 겸손히 섬기는 자들이 되어야 한다. 그런 사람들이 일하는 요양원만이 어르신들의 진정한 집이 될 수 있을 것이다.

원장 나오라고 해!

분노에 찬 화난 목소리가 요양원 안을 가득 채웠다. "원장 나오라고 해!"

자신의 아버지가 요양원에서 다쳤다며 항의하러 온 보호자였다.

사건은 이랬다. 어르신은 치매 환자였고, 공격성이 강해 주변 사람들과 마찰을 자주 일으키는 분이었다. 이전 요양원에서도 트러블이 있어 우리 요양원으로 옮기려 했는데 입소를 허락해야 할지 고민이 많았다. 하지만 주 보호자가 간절히 요청하였고 가정에서 치매 환자를 돌본다면 가족들이 얼마나 힘들지 잘 알기에 결국 그분을 받아들이기로 했다.

그러나 어르신은 예상보다도 더 벅찼다. 치매 환자라지만 몸은 건강해서 기운이 넘쳤다. 호기심이 많은 어르신은 요양원의 곳곳을 돌아다니며 물건을 만지고 분해하는 등 사고를 일

165

으켰다. 보일러 컨트롤러를 해체해서 난방에 문제가 생겼고 요양원에 있는 소파며 가구를 부수거나 창틀 샤시를 억지로 움직여 미닫이를 고장내기도 했다. 다른 어르신에게 시비를 걸다가 싸움이 나서 상대방을 때리기도 했다. 그럴 때마다 요양원은 한바탕 소동이 벌어졌다.

크고 작은 사건은 자해로 이어졌다. 무슨 일에 화가 나셨는지 화장실 문을 걸어차면서 다리를 다친 것이다. 응급 처치 후 119와 함께 병원으로 가려 했지만 어르신은 완강하게 거부했다. 결국 경찰의 도움을 받아 병원에 갈 수 있었다. 혹시나 하는 마음에 병원에 가서 엑스레이 등 검사를 해야 했다. 보호자가 동행했고 여기까지 이른 상황을 설명했지만, 그의 화를 잠재울 순 없었다.

보호자는 요양원의 부실한 관리 때문이라며 책임을 물었고 결국 우리는 경찰서에 조사를 받으러 다녔다. 경찰서에서 조사를 받고 돌아오면 다른 어르신들을 돌볼 힘마저 빠져버렸다. 우리는 다른 어르신과 마찬가지로 문제를 일으킨 어르신도 사랑과 정성을 다해서 돌봤고 힘든 상황에서도 최선을 다했다. 그런데 이런 일이 생기자 모든 것이 무너지는 것 같았다. 다행히 이 사건은 무혐의로 일단락되었다.

노인학대라는 단어가 등장하면 모든 것이 뒤집히는 느낌이다. 학대에 대한 객관적인 기준이 없기 때문에, 신고가 들어가면 요양원의 행정은 마비된다. 많은 서류를 준비하고, 진실을 증명하기 위해 애쓰지만, 그 시간과 에너지는 결국 다른 어르신들에게 돌아가지 못한다. 혐의가 없다고 밝혀져도, 그 피해는 너무 커서 돌이킬 수 없다.

대부분의 요양보호사들은 고령의 여성들이다. 화를 내거나 공격적인 행동을 보이는 어르신을 돌보는 일은 쉽지 않다. 특히 치매 환자들은 폭력적인 행동을 보이기도 한다. 이런 상황에서 요양보호사는 폭행을 당하기도 하고, 가해자로 몰리기도 한다. 하지만 그들이 겪는 고통은 전혀 외면받는 경우가 많다. 요양원 폭행 사건이라며 관련 기사들이 자극적으로 보도될 때, 그 이면의 억울한 상황은 잘 알려지지 않는다.

예를 들어, 치매가 심한 어르신이 물건을 파손하거나 가구를 부수며 신체적 해를 끼칠 수 있다. 이것이 어르신의 상태에 의한 것일지라도, 일부 가족들은 그것을 요양원의 관리 부족으로 오해하고 불만을 제기한다. 그런 책임 전가는 돌봄 제공자들의 노력을 폄하하고, 신뢰를 깨뜨린다. 사실, 요양원은 최선을 다해 어르신을 돌보고 있는데도, 비난과 오해에 직면하게 되는 상황이 많다. 그럴 때마다 돌봄 제공자들은 배신감을 느끼게 되고 이 일을 계속해야 할지 고민하게 된다.

보통 소통이 원활한 가정과는 학대와 관련해 문제가 잘 발생하지 않는다. 라포가 형성되어 있기 때문이다. 이처럼 가족들 **167**

의 참여와 소통은 요양원에서의 돌봄 질에 큰 영향을 미친다. 꾸준히 요양원을 방문하며 어르신의 상태를 살피는 가족들은 돌봄 제공자와 협력하여 문제를 해결하려 한다. 특히 주 보호자가 아닌, 요양원과 소통이 부족한 다른 가족들일 경우 문제가 커진다. 주 보호자는 요양원과 깊은 관계를 맺고 있어서 어르신의 상태와 어려움을 잘 이해하지만, 자주 오지 않는 보호자들은 단지 결과만 보고 비판하는 경향이 있다. 이들은 과잉 반응을 보이며 상황을 악화시키기도 한다. 어떤 경우에는 경제적 보상을 요구하기도 한다.

우리 요양원은 어르신들에게 최대한의 자유를 허락하려 노력한다. 안전을 이유로 어르신의 활동을 제한하기보다, 스스로 움직이고 걸을 기회를 제공하는 것이 중요하다고 믿기 때문이다. 하지만 이런 철학은 항상 환영받지 못한다. 자유로움 속에서 발생하는 예기치 못한 사고는 돌봄의 책임으로 전가되기도 하기 때문이다.

요양원은 자주 비난의 중심에 선다. 최선을 다해도 보호자의 오해나 사회적 편견은 돌봄 제공자들의 노력을 무색하게 만든다. 요양원에서 일하는 사람들은 갈등과 배신감을 느끼면서도 묵묵히 어르신들을 위한 사랑과 헌신을 이어가고 있다. 이런 사정을 많은 이들이 알아주면 좋겠다.

요양원은 완벽할 수 없다. 하지만 서로가 조금씩 이해하고 소통할 때, 어르신들이 안전할 수 있다. 노인 돌봄은 결코 쉽지 않은 길이다. 그러나 그 길 위에서 우리가 서로를 존중하고 신뢰한다면 어르신을 건강하게 보호하고 돌볼 수 있지 않을까? 진정으로 중요한 것은 요양원과 보호자 가족간의 이해와 협력으로, 어르신들이 행복하고 평안한 삶을 누릴 수 있도록 함께 힘을 모으는 것이라고 생각한다.

✈

　의외로 많은 사람이 요양병원과 요양원이 무엇
이 다른지 정확하게 알지 못한다. 한마디로 설명하면 요양병
원은 의료법에 근거해서 세워진 병원이고, 요양원은 노인복지
법에 따라서 세워지는 복지시설이다. 요양병원은 의료 기관으
로 의사나 한의사가 의료 서비스를 제공한다. 요양병원은 환
자 30인 이상 수용이 가능한 시설을 갖추고 노인성 질병이나
장애가 있는 환자를 받는다. 만약 입원한 환자에게 필요하면
간병인을 개인적으로 고용한다.

　요양병원과 다르게 요양원은 노인성 질병으로 장애가 있어
도움이 필요한 노인이 입소하는 시설이다. 여기서 어르신들은
급식, 요양 등의 돌봄을 받는다. 병원과 달리 요양원에서는 의
료행위를 하지 못한다. 하지만 의사가 정기적으로 방문하고
기본적인 검진을 실행한다. 환자에게 갑작스러운 문제가 생기

면 보호자가 환자를 병원으로 이동시켜 진료를 받는다.

그래서 질병 치료를 계속해야 한다면 요양병원에 입원해야 하고 환자의 병이 만성이라서 외래 진료와 약으로 감당할 수 있는데 집에서 환자를 돌보기가 힘든 상황이라면 요양원에 입소하는 것이 좋다.

요양원을 운영하면서 학대나 부실한 운영이 언론에 보도될 때마다 마음이 무겁다. 이런 사건이 요양원에 대한 부정적인 인식을 부채질한다. 더 많은 사람이 어르신을 성심성의껏 돌보는 요양원도 많고 뉴스에는 좋지 않은 사건 위주로 보도된다는 점을 알아줬으면 하지만 요양원을 향한 편견이 점점 더 강해지는 것 같아서 안타깝다.

〈노인들〉이라는 제목의 영화를 봤다. 이 영화는 파코 로카라는 만화가의 만화를 원작으로 한 애니메이션이다. 여기에는 에밀리오와 미겔이라는 이름의 두 신사가 등장하고 이들은 요양원에서 방을 함께 쓰는 사이다. 처음 입소한 에밀리오에게 미겔이 요양원을 소개해 주는 장면에서 요양원에서 지내는 어르신들의 다양한 모습을 엿볼 수 있다.

이 요양원 건물의 꼭대기 층에는 중증 치매 환자들이 있다. 에밀리오와 미겔은 우연히 그곳을 엿보게 되고 자신들도 그곳에 가야 할까 봐 두려워한다. 둘은 꼭대기 층에 가지 말자고 다짐하면서 계획을 세운다. 치매 검사를 하지 못하게 방해하고 **171**

요양원에서 탈출하려고 한다.

이 영화는 치매 노인들의 삶과 요양원 생활을 현실적으로 묘사했다고 평가받았다. 그러나 요양원을 운영하는 입장에서 보면 한 가지 의문이 들었다.

'아무리 저런 요양원이 있을까?'

한동안 두 주인공이 삶을 향한 열망 때문에 요양원에서 탈출하려고 했던 게 떠올라서 회의감이 들기까지 했다. 치매 같은 질환에 걸린 어르신을 요양원에 모시는 것을 과연 그렇게 부정적으로 볼 일인가 마음이 복잡했다.

"나중에 자식들이 나를 요양원에 버리지나 말았으면 좋겠어."

누군가 이렇게 말할 때마다 나도 모르게 가슴이 답답해진다. 건강할 때는 누구나 저렇게 말할 수 있다. 몸이 건강하면 요양원과 돌봄이 우리 가족과는 전혀 상관없는 먼 이야기처럼 느껴진다. 그러나 막상 건강에 문제가 생겨서 갑자기 의료 서비스와 돌봄이 필요한 상황이 생기면 현실은 그리 녹록지 못하다. 가족 중 한 사람이 매달려서 환자를 전담하지 않으면 집에서 환자를 돌보는 일은 불가능하다. 그러나 대부분의 사람이 경제 활동을 해야 하는 시대에 노인을 돌보는 데만 전념할 수 없으므로 어르신들은 요양원으로 들어온다.

요양원은 왜 이렇게 부정적인 시선 속에 놓이게 되었을까?

몇 가지 이유가 있을 것이다. 첫째, 많은 사람이 요양원을 '버려진 곳'으로 생각하는 경향이 있다. 부모님이나 사랑하는 이들을 직접 돌보지 않고 요양원에 맡기는 것이 마치 책임을 회피하는 것처럼 보이기 때문이다. 둘째, 일부 요양원에서 발생한 불미스러운 사건들이 미디어를 통해 확대되면서 요양원이 '위험한 곳'이라는 인식이 강해졌다. 셋째, 요양원의 환경은 병원과 비슷하게 느껴지기도 한다. 차가운 하얀 벽과 무채색의 침대들 속에서 따뜻함이나 가정적인 분위기를 찾기란 쉽지 않다. 넷째, 요양원에 대한 경제적 부담도 무시할 수 없다. 높은 비용을 지급했는데 그만큼 만족스러운 서비스를 받지 못할까 봐 걱정한다. 이런 여러 가지 부정적인 경험들이 겹치면서 요양원에 대한 인식은 점점 더 나빠졌을지도 모른다.

아직도 아무리 좋은 요양원이 있어도 요양원에 가고 싶지 않다고 말하는 사람들이 많다. 당연히 자식이 부모를 돌봐야 한다는 유교적인 사고방식도 요양원을 꺼리게 하는 원인 중에 하나다. 최근 독일에서도 어르신이 집에 머물면서 돌봄을 받을 수 있도록 하는 정책에 많은 힘을 쏟는다고 한다. 그렇지만 아무리 집에서 돌봄이 이뤄진다고 해도 체계적인 관리와 감독이 제대로 되지 않으면 어르신을 효과적으로 돌볼 수 없다.

그래서 나는 요양원이 수용의 장이 아니라 생활의 장으로서 제 기능을 다할 수 있게 해야 한다고 생각한다. 요양원은 고령 **173**

내 주변에는 헌신적으로 어르신을 돌보는
좋은 요양원이 많다. 그래서 대중이
요양원에서 일어나는 자극적인 뉴스에
귀 기울이는 만큼만
좋은 요양원에도 관심을 가지면 좋겠다.

Les Fauteuils, Varengeville

화 사회에서 필수적인 돌봄 서비스를 제공하는 중요한 곳이다. 그러나 요양원의 운영자들은 정부의 과도한 규제와 간섭 속에서 어려움을 겪는다. 규제의 목적은 이용자들의 안전을 지키고 서비스의 질을 보장하는 데 있다. 하지만 때로 지나친 요구가 내려오고 운영의 효율성을 떨어뜨리는 요인이 되기도 한다.

요양원은 고령화 사회에 없어서는 안 될 중요한 기관이다. 이 사회가 요양원에서 제공하는 돌봄이 진정한 배려와 사랑임을 인식할 때 더욱 좋은 환경이 조성될 것이다. 그러기 위해서는 국민이 나서서 노인이 아니어도 노인 문제에 관심을 가져야 한다. 지금 젊어도 언젠가는 노인이 되고 요양원을 이용하게 된다. 요양기관에 관심을 가지고 부조리한 일이 있다면 이의 제기도 하면서 노인 정책이 올바른 방향으로 갈 수 있도록 해야 올바른 요양 문화가 자리 잡을 것이다.

내 주변에는 헌신적으로 어르신을 돌보는 좋은 요양원이 많다. 이런 요양원은 어르신들을 정성스럽게 돌보고 이들을 관리하고 감독하는 지자체에서도 주기적으로 요양원의 운영을 평가한다. 그러나 이런 좋은 요양원에 관심을 두는 사람은 많지 않다. 그래서 대중이 요양원에서 일어나는 자극적인 뉴스에 귀 기울이는 만큼만 좋은 요양원에도 관심을 가지면 좋겠다. 요양원을 둘러싼 부정적인 인식과 편견도 많이 사라질 것이다.

175

5부

살아 있는
마지막 날까지

떠난 후에

✈

퇴근 무렵 딸아이에게서 문자가 왔다.

"엄마 오늘 기숙사에 보일러 기사분이 오셨는데 추레한 옷 차림이 왠지 그냥 안쓰러워 보였어. 갑자기 아빠 생각이 너무 나지 뭐야. 아저씨에게 자판기에서 캔 커피를 사드리고 돌아서는 데 왜 이렇게 눈물이 나지."

'에고, 우리 지인이가 아빠가 그리웠구나.'

딸의 마음을 달래 주려고 답장을 쓰는데 나도 모르게 눈물이 주르르 흘렀다. 다른 사람을 챙기느라 자신에게는 늘 인색했던 남편이었다. 현장에서 일하는데 무슨 좋은 옷이 필요하냐며 한사코 작업복만 고집해서 변변한 옷 한 벌이 없었다. 남편의 유품을 정리하는 날, 평생 고단했을 남편의 남루한 옷가지를 부둥켜안고 얼마나 울었던가. 그가 입었던 낡은 작업복, 그리고 오래된 옷들을 보며 나는 그에게 하지 못했던 말들을 되뇌었다.

"고마워, 미안해, 사랑해."

남편이 살아 있을 때는 이런 말들을 하기 어려웠다. 늘 바쁘고, 서로의 일상에 묻혀 살아가던 우리는 소중한 감정을 자주 표현하지 못했다. 그런데 그가 떠나고 빈자리를 느끼면서 꼭 해주고 싶었던 말을 혼자 읊조리곤 한다.

'여보, 당신도 알다시피 나는 11월의 늦가을이 참 좋았어. 차가운 바람, 나뭇잎이 떨어지는 소리, 그 속에 담긴 가을의 고요함이 좋았어. 하지만 당신이 떠나고 11월은 이제 나에게 상처를 주는 계절이 됐어. 이때쯤 되면 마음 한편이 쓰라리고 당신이 떠난 날의 기억이 선명하게 떠올라. 세월이 지나면 기억이 흐려질 줄 알았는데 말이야.'

인연은 아무도 장담할 수 없다. 부부의 인연도 그렇다. 우리는 결혼할 때 상대와 백년해로를 하는 것을 가장 이상적인 결혼으로 여긴다. 결혼식 주례에서 가장 많이 듣는 얘기도 '검은 머리 파뿌리가 될 때까지'이다. 나도 남편과의 인연이 평생 이어질 줄 알았다. 너무 당연한 일이어서 의심조차 하지 않았다. 그러나 어느 날 갑자기 혼자 남겨졌고 아이들도 아빠를 그리워한다. 이 기막힌 운명을 아직도 온전히 받아들이지 못했다.

그래서 주변의 친구나 지인이 부부 갈등을 겪으면 나는 이렇게 말하곤 한다.

179

"어느 날 갑자기 그 사람이 없다고 생각해 보세요. 이 세상에 당연한 건 없습니다. 곁에 있을 때 아껴주고 최선을 다하세요."

남편과 함께했던 세월을 돌아보면 사랑으로 시작해서 정으로 살았다. 살면서 미운 정과 고운 정 다 들어서 연민, 애정, 미움까지도 다 끌어안았던 결혼생활이었다. 남편과 함께한 세월이 '정'이라는 글자 하나에 모두 녹아 있다. 사랑의 유통기한은 짧아도 정은 유효기간이 없고 시간이 지날수록 더 깊어진다.

'사랑하는 것은 사랑을 받느니보다 행복하나니라.'

유치환 시인이 쓴 시〈행복〉의 첫 구절이다. 사랑하는 사람을 선택해서 결혼하는 건 행운이다. 그러나 결혼은 때때로 사랑만으로는 이뤄질 수 없기도 하다. 만약 사랑하는 사람을 평생의 배우자로 선택했는데 갑자기 사랑이 식었거나 사라진 것 같다면 이렇게 생각을 바꿔야 할 것이다.

'내가 선택한 사람을 사랑하겠다.'

마음을 달리 먹고 사랑을 지키고자 노력해야 한다. 사랑보다 깊은 정, 지혜, 신뢰, 노력, 모든 걸 총동원해서 한번 맺은 인연을 지켜야 한다. 그렇게 공을 들여도 운명의 힘으로 허망하게 헤어질 수 있는 게 우리네 삶이고 운명이다.

요양원에서 슬픈 이별을 자주 목격하며 한 가지 사실을 깨달았다. 남편이 떠나던 날처럼, 시어머니가 돌아가셨던 날처럼, 요양원 어르신들이 돌아가실 때마다 나는 여전히 죄책감과 후회를 느낀다는 것이다.

그들과 보내는 시간이 더 있었으면 좋았겠다고, 더 많이 챙겼다면 좋았겠다고 생각하는 마음이 가시지 않는다. "후회는 아무리 빨라도 늦는다."는 말을 알지만, 여전히 나는 그들의 부재를 맞이할 때마다 그들이 살아 있을 때 더 많이 해주지 못했던 것들이 마음에 걸린다.

남편, 시어머니, 그리고 여러 어르신의 삶은 나에게 많은 것을 남기고 떠났다. 그들이 남긴 것 중에서 가장 큰 가르침은 바로, 살아 있을 때 더 많이 사랑하고 더 많이 표현해야 한다는 게 아닐까. 함께했던 이들이 떠난 후, 나는 그리움과 뒤늦은 후회 속에서 더 많은 사랑을 나누고자 노력하고 있다.

그리고 그렇게 사랑을 나누는 과정에서 마음을 담은 말 한마디가 얼마나 중요한 일인지를 매일 느끼며 살아간다. 이제는 말과 행동으로 그 사랑을 전하고 작은 일에도 감사함을 표현한다. 떠난 이들을 떠올리며, 오늘 하루도 소중한 사람들에게 마음을 담아 사랑을 전하려 한다. 사랑이야말로 그들이 남긴 가장 큰 선물임을 잊지 않겠다.

하닭이와
인절미

어린이집을 운영할 때 하닭이라는 이름의 암탉을 키웠다. 아버지 집 옥상의 시멘트 바닥에서 지내던 하닭이는 어린이집에 와서 아기들의 호기심 어린 시선과 사랑을 한 몸에 받았다. 새로 이사한 인천 집에 마당이 넓으니까 닭도 흙을 밟으면 좋을 것 같아서 데리고 왔다. 애완견 루, 퐁이, 뚱이가 꼬리를 흔들며 반겨주었다.

하닭이의 이름은 '하늘에서 떨어진 닭'이라는 뜻이다. 처음 아버지가 닭을 우리 집에 데리고 오신 날 아들은 닭이 온다는 사실을 몰랐다. 아들은 평소처럼 대문을 열고 안으로 들어왔는데 이때 2층 다락방 난간에 위태롭게 서 있던 하닭이가 날아올랐다. 그러고는 아들 눈앞에 멋지게 착지했다. 아들 눈에는 그야말로 하늘에서 떨어진 닭이어서 그날부터 하닭이라고 불렀다.

머지않아서 새로운 식구가 또 들어왔다. 강원도 정선에서 온 진돗개 인절미다. 인절미는 엄마 젖을 막 떼고 우리 집에 왔다. 황구라서 털이 누런색인데 꼭 콩가루를 묻혀놓은 인절미 같다고 딸아이가 지어준 이름이다. 성격이 활달해서 이름을 부르면 어디선가 달려와 연신 점프한다. 집을 잘 지키라고 대문이 보이는 감나무 아래 집을 만들어주었다.

하닭이는 이름처럼 높은 곳을 좋아한다. 아슬아슬하게 비좁은 난간을 뛰어올라 뒤뚱거리며 몸을 돌려 간신히 자리를 잡는다. 편하게 앉고 싶을 법도 한데 늘 서서 졸고 있는 모습이 우스꽝스럽다. 마지막 쌀 한 톨도 남기지 않고 알뜰하게 먹고 순풍순풍 알도 잘 낳는 게 신통방통하다.

그러던 하닭이가 어느 날부터 먹지도 않고 알도 낳지 않았다. 불길한 생각이 잊고 있었던 기억을 떠오르게 했다. 하루는 아침에 알을 찾다가 울타리 아래에서 새털로 보이는 피 묻은 깃털이 수북이 빠져있는 것을 보고 이상하게 여겼다. 얼른 하닭이 몸 안을 살펴봤다.

끔찍한 광경에 눈을 찌푸리며 얼굴을 돌렸다. 하닭이는 아마도 굶주린 길고양이의 먹잇감으로 공격을 받은 것 같다. 날개 죽지 아래 심한 상처가 있었고 한여름이라 파리가 상처에 알을 까서 구더기까지 바글바글했다. 이 지경이 될 때까지 얼마나 고통스러웠을까? 하닭이에게 미안해서 눈물이 날 것 같았다. **183**

급한 마음에 동물 병원에 전화했는데 받지 않았다. 나는 당장 근처 동물 약국으로 달려갔다. 상처 난 곳을 소독하고 약을 처방받아 왔다. 먼저 상처에 스프레이로 된 소독약을 뿌리자 구더기가 밖으로 빠져 나오기 시작했다. 하나도 남김없이 핀셋으로 빼내고 다시 상처를 소독했다. 애타는 내 마음을 아는지 치료받는 게 아플 텐데도 하닭이는 몸을 온전히 나에게 맡겼다. 말 못 하는 짐승이 아파도 한마디 말도 못 하고 얼마나 힘들었을까? 다행히 일주일 정도 치료하고 하닭이의 컨디션은 눈에 띄게 좋아졌다. 아버지는 다시는 고양이가 들어올 수 없게 울타리에 난 구멍을 찾아서 막아주셨고 하닭이의 일상은 평화로워졌다.

또 이런 일이 있었다. 딸아이가 대학 졸업사진과 앨범이 택배로 오기로 했는데 며칠째 오지 않아 이상하다고 했다. 마당을 돌아보던 딸아이의 비명이 들렸다. 택배 기사가 대문 안으로 던져놓은 택배 상자를 인절미가 물어뜯어 여기저기 늘어놓은 것이다.

인절미는 사람을 좋아해도 너무 좋아한다. 특히 나를 잘 따르는데 그 모습을 보던 아이들이 혹시 아빠가 진돗개가 되어 엄마한테 온 거 아니냐고 우스갯소리를 했다. 인절미는 밤새 우리 가족이 집에서 나오기만을 현관 앞에서 지키고 있다가 눈만 마주치면 놀아달라고 바짓단이나 신발을 물고 놓지 않는다. 유난히도 혼자 있기 싫어하고 외로움을 많이 타는 게 안쓰러울 정도다.

호기심도 많아서 택배 상자가 오면 가장 먼저 뜯어 본다. 택배 상자뿐만 아니라 마당에 담아놓은 쓰레기봉투 안도 궁금해서 다 뜯어야 직성이 풀린다. 널어놓은 이불 빨래, 텃밭에 모종해 놓은 채소까지 남아나는 것이 없다.

하루는 아버지가 더 이상 참지 못하겠다고 하시며 단단한 쇠사슬로 인절미를 감나무에 묶어 놓으셨다. 풀어달라고 종일 낑낑거리는데 자유를 갈망하는 눈빛이 어찌나 간절한지 나는 마음이 약해졌다. 나는 풀어주고 아버지는 묶어 놓기를 반복했다.

그러던 어느 날 대문이 열린 틈으로 인절미는 집 밖으로 나갔고 며칠째 들어오지 않았다. 곧 돌아오겠지, 하던 아이들도 며칠이 흐르자 걱정하기 시작했다. 동네 전봇대에 전단지를 붙여가며 애타게 인절미를 찾는데 하루는 전단지를 보신 동네 목사님에게 제보가 왔다. 아들과 딸은 제보 전화를 받고 기도원 입구에 있는 녹색 대문을 찾아서 달려갔다.

안에서 집주인으로 보이는 험상궂은 남자가 나왔다고 한다. 집에 들어서자, 개를 불에 그을린 듯한 냄새가 진동해 아이들은 불안했다고 한다. '인절미에 무슨 일이 생긴 건 아닐까?' 처음에 그런 개를 모른다고 시치미를 떼던 남자는 금방 말을 바 **185**

꾸었다. 집 안에는 끌려온 것처럼 보이는 개가 여러 마리 묶여 있었다.

그 안에 인절미도 겁에 질린 채 갇혀 있었다. 남자는 거짓말 한 게 탄로 나자, 교통사고를 당한 개를 돌봐주려고 데려왔다고 변명했다. 그러나 목격자이자 제보자인 목사님이 본 광경은 달랐다. 남자는 개 주인인 양 목을 잡고 인절미를 끌고 갔고 인절미는 겁에 질려 질질 끌려갔다고 한다. 천만다행으로 위기 상황에서 구출돼 무사히 집으로 돌아왔다.

그런데 돌아온 인절미는 예전과 달랐다. 충격 때문이지 이상한 행동을 보였다. 맞기라도 했는지 한쪽 다리를 심하게 절었고 사람 눈치를 보고 음식도 멀리했다. 그런 인절미에게서 나는 내 모습을 보았다.

'잠시라도 주님의 눈에서 멀어지면 사탄은 우는 사자와 같이 우리를 삼키려 한다. 주님을 떠나 있는 시간이 얼마나 위험한가? 주님 날개 아래에 머무는 삶이 얼마나 안전한지 그 아래에서는 절대 깨닫지 못하는구나!'

자유를 찾아서 밖으로 나간 인절미도 죽음 앞에서야 주인의 품을 떠난 것을 후회하지 않았을까? 미련한 건 사람도 마찬가지다. 모든 것을 다 잃은 후에야 진리를 깨닫는다. 뒤늦게라도 깨달을 수 있다면 그조차 얼마나 다행인가? 인절미를 보며 안타까운 내 마음처럼 우리를 보시는 주님 마음은 더 애타시겠지, 하는 생각이 들었다.

'주님, 어떠한 고난과 시련이 와도 주님께만 꼭 붙어있게 해
주세요.'

혼잣말로 중얼거리며 기도했다.

마당이 넓은 우리 집은 하루도 바람 잦을 날 없이 사건사고
가 많다. 그만큼 추억도 차곡차곡 쌓여간다.

사회공포증

나에게는 고치고 싶지만 내 뜻대로 되지 않는 게 있다. 바로 사람들 앞에서 이야기하는 것이다. 나는 대중 앞에 서면 아무것도 할 수 없다. 말문이 막히고 몸은 긴장한다. 심장이 두근거리고 목소리는 떨린다. 앞이 아득해지고 어디론가 도망가 숨고 싶다.

그러나 나는 대중 앞에 서는 일이 많은 직업을 가졌다. 직원들을 앞에 두고 이런저런 지시를 내리고 회의를 진행해야 하는 사람이다. 그러다 보니 이런 일이 있으면 나를 대신할 사람을 찾아 부탁하거나 그것도 어려우면 말해야 할 것들을 종이에 적어 읽어 내려갔다. 적은 내용을 읽는 것조차 쉽지는 않다. 스피치 학원도 다녀 보았지만 해결하지 못했다. 이 약점은 나를 번번이 무기력하게 했다. '나는 왜 이 모양일까?' 자책하기도 했다.

대학원에 들어가 상담 심리를 공부하면서 내가 가장 크게 고민한 것도 과제 발표였다. 교수님께 내 사정을 이야기했더니 교수님은 이해해 주시고 흔쾌히 발표할 일이 있으면 리포트로 대신하게 해주셨다. 상담 심리를 공부하면서 나는 나의 이약점이 사회공포증이라는 것을 알았다. 그러면서 해결 지점도 찾아가게 되었다.

사회공포증(Social Phobia)은 사람들이 다른 사람들과의 사회적 상황에서 지나치게 강한 불안과 두려움을 느끼는 것을 말한다. 이에 따라 일상적인 활동, 대인관계, 직업적 또는 학업적 성취에 심각한 지장을 초래한다. 원인은 다양하지만, 어린 시절의 창피한 경험이나 따돌림 같은 심리적 요인이 크다.

나는 오랫동안 부정적인 자아상을 갖고 살았다. 나는 나의 판단을 신뢰하지 못하고 스스로 결정을 내리는데 매번 어려움을 겪었다. 주변 사람들에게 묻고 또 묻는다. 왜 자신의 선택을 신뢰하지 못하고 다른 이들에게 의견을 묻는 것일까? 그 이유가 무엇일까?

어렸을 때 엄마는 딸을 내리 넷이나 낳았다. 아들을 기다리는 아버지와 할머니 할아버지의 기대가 엄마는 얼마나 부담스러웠을까? 내 어릴 적 기억 속에 엄마는 늘 배가 불러있었다. 엄마는 출산하고 나면 죄인처럼 울었다. 다른 이들은 축복받는 시간이 엄마에게는 비난과 손가락질의 시간이었다. 내 **189**

가 태어나고 1년 만에 엄마는 남동생을 낳았지만, 동생은 태어나자마자 안타깝게도 하늘나라로 갔다고 한다. 엄마의 임신과 출산으로 젖은 부족했고 나는 늘 배가 고파 많이 울었다고 한다. 엄마에게 집착했던 건지 나는 엄마가 보이지 않으면 소스라치게 울었다고 했다.

나는 자라면서 차분하고 여성스러운 언니와 비교되어 야단을 많이 들었다. 산만하고 덜렁대서 일을 만들기 일쑤였다. 아버지와 할머니는 칠칠치 못하다며 이런 나를 못마땅해하셨다. 거기다 나는 오줌싸개였다. 아침에 일어나 할머니는 "징글징글하다."라고 말씀하시며 잔뜩 얼굴을 찡그리셨다. 할머니가 오줌에 젖은 이불을 널 때 나는 부끄러워 견딜 수 없었다. 오줌싸개라고 나를 놀리는 언니와 동생들이 미웠다. 잠자리에 들 때, 내일 아침에는 제발 오줌을 싸지 않게 해달라고 기도했다.

초등학교 4학년 교실에서 책을 읽다가 실수해서 웃음바다가 된 일도 있다. 받침이 어려워 틀리게 읽는 글자에 아이들은 일제히 웃었다. 그날 이후 나는 사람들 앞에 서지 못했다. 발표하는 것도 노래하는 것도 힘들었다. 나는 숨고 싶은 아이가 되었다. 그때 그날 내가 실수하지 않았다면, 내 삶은 달라졌을까?

하지만 수치의 기억도 나의 일부임을 알게 되었다. 나이 쉰이 넘어 시작한 상담 심리는 나를 위한 학문이 되었다. 누군가를 위해 돕기 위해 시작한 공부였지만 나를 치유하고 상처받은 어린 나를 안아주고 다독여주는 시간이 되었다. 나의 진정한 내면을 볼 수 있고 과거의 아픈 상처들을 떠나보내는 '굿바이'를 도와주었다.

> 내게 이르시기를 내 은혜가 네게 족하도다 이는 내 능력이 약한데서 온전하여짐이라 하신지라 이러므로 도리어 크게 기뻐함으로 나의 여러 약한 것들에 대하여 자랑하리니 이는 그리스도의 능력으로 내게 머물게 하려함이라 (고린도후서 12장 9~10절)

가끔 나는 나의 약함을 생각한다. 약함은 단순히 부정적인 것일까? 우리 삶 속에서 약함이란 무언가 부족하고 완전하지 않음을 떠올리게 하지만, 사도 바울의 고백을 통해 그 속에 담긴 은혜를 다시금 생각하게 된다.

그는 "내 은혜가 네게 족하도다. 이는 내 능력이 약한데서 온전하여짐이라."라는 사도 바울의 고백을 통해 자신의 약함을 새로운 시각으로 바라보았다. 바울에게 주어진 육체의 가시는 고통이었지만, 그는 그 고통이 자신을 겸손하게 하고, 오직 주님만 의지하도록 이끌었다고 고백한다. 이는 그리스도의 능력이 자신의 삶 속에 머물러 있다는 증거였다. 우리도 삶에서 부

191

족함이나 결핍을 마주할 때, 그것을 단순히 극복해야 할 장애물로만 보지 말고, 주님께 더욱 의지할 기회로 삼을 수 있지 않을까.

벌이 꽃에서 꿀을 가져가면 꽃은 무엇인가를 잃어버리는 듯 보이지만, 그 빼앗김 속에서 열매를 맺는다. 이런 자연의 이치는 우리에게 중요한 깨달음을 준다. 우리의 약함과 결핍이 결국 우리를 온전하게 하는 도구로 쓰일 수 있다는 것이다. 나 역시 나의 약함을 통해 겸손을 배웠다. 다른 이들의 이야기에 귀 기울이고, 내 의견만 고집하지 않는 법을 배웠다. 나를 낮추고 다른 이를 세우는 사람이 되었다.

약함은 나를 부끄럽게 하거나 초라하게 만드는 것이 아니라는 것을 이제는 안다. 오히려 그것은 나를 겸손하게 만드는 그리스도의 은혜의 흔적이다. 나의 약함이 나 자신을 변화시키고, 다른 이들을 사랑하고 섬기는 도구로 쓰이기를 기도한다. 나의 부족함이 주님의 능력을 드러내는 통로가 되기를 소망하며, 나의 약함을 기꺼이 자랑할 것이다.

상처 입은
치료자

> "자신의 아픔을 깊이 이해함으로써 약점을
> 장점으로 바꿀 수 있고, 어둠 속에 빠져 있는 사람들
> 에게 치유의 원천을 제공할 수 있습니다."
> – 헨리 나우웬

가난한 부모님 아래서 학교에 다니지 못하고 직업 전선에 뛰어들었던 나는 돈의 힘과 세상의 거침을 너무 일찍 알아버렸다. "그 사람은 내 편일 거야." "그 사람은 나를 이해해 줄 거야." 하며 신뢰했던 가까운 사람에게 상처를 받은 일이 많다. 그 사람을 너무 믿었던 게 문제였다.

나를 아프게 한 사람들로 인해 마음에는 커다란 구멍이 생겼다. 그 구멍에 슬픔이 가득 고였다. 사람을 믿고 소망을 가진다는 것이 부질없다고 느낀 적도 있다. 사람은 불안전한 존재이

기에 믿을 수 없음은 당연할지도 모르겠다. 그래서 예수님도 "서로 믿으라."하지 않고 "서로 사랑하라."고 말씀하셨나 보다.

사람에게 상처받을 때, 나에게 위로가 되어 준 말이 있다. 영국의 철학자 베이컨이 남긴 "초목은 이슬로 자라고 인생의 영혼은 눈물로 자란다."이다. 나는 이 말을 마음에 새기며 힘들 때마다 되뇌곤 했다.

그리고 '내가 의지할 분은 오직 주님뿐'이라는 걸 깨달았다. 주님은 나에게 '사람은 그저 사랑해 줘야 하는 존재'라는 것을 알려 주셨다. 그 깨달음은 내 삶의 방향을 바꾸었고 이제는 사람은 하나님의 마음으로 사랑해 주어야 할 소중한 존재라는 것을 안다.

요양원 어르신들 건강에 문제가 생겼을 때 의료상의 자문을 맡아주시는 의사 선생님이 계신다. 그분 덕분에 어르신들을 더 안전하게 케어할 수 있어서 얼마나 감사한지 모른다.

'운디드 힐러(Wounded Healer)', 상처 입은 치료자.

어느 날 그분이 나에게 좋은 글귀를 보내주셨다. 그때 마음에 박힌 단어가 바로 운디드 힐러다. 이 단어를 처음 보자마자 머리를 얻어맞은 듯한 충격을 받았다. 내가 겪었던 수많은 상처와 아픔이 단순히 고통으로만 끝나는 것이 아니라 누군가에게 향기가 될 수 있다는 가능성을 느낀 순간이었다. 그제야 나의 삶에 깊게 자리 잡고 있던 상처들이 단순한 불행이 아니라는 생각이 들었다.

상처 입은 치료자라는 개념은 내게 커다란 희망이 되었다. 나의 상처와 실패, 아픔조차 누군가를 위로하고 치유하는 도구가 될 수 있다는 가능성은 내 삶의 새로운 방향을 열어주었다. 그것은 내가 지금까지 내내 움켜쥐고 있던 고통을 풀어줄 열쇠와도 같았다.

이 깨달음은 나를 움직이게 했다. 늦은 나이에 상담 심리를 공부하기로 결심한 것도 이 때문이다. 나의 아픔이 단순히 고통으로 끝나는 것이 아니라, 나와 같은 길을 걷는 사람들에게 위로가 될 수 있다면, 그것이야말로 나의 삶이 가진 의미가 될 것이라고 믿었다.

하지만 솔직히 말하면 상처는 누구에게나 감추고 싶은 것이다. 드러낸다는 것은 부끄럽고 두려운 일이다. 그러나 헨리 나우웬은 자신의 상처와 아픔을 여과 없이 드러내며 상처를 사랑과 치유로 바꿔냈다. 그는 사제가 되는 길에서조차 자신을 한없이 낮추며, 지체 장애인 공동체 라르쉬 데이브레이크에 몸담았다. 그는 그곳에서 함께 생활하며 이웃의 아픔을 이해하고 그들과 하나 되는 법을 배웠다. 그리고 자신이 받은 사랑을 다시 나누며 진정한 힐러의 삶을 살았다.

헨리 나우웬의 철학은 내게 깊은 울림을 주었다. 그의 메시지는 단순한 이론이 아니라 그의 삶에서 흘러나온 실천이었다. "당신의 고통을 두려워하지 말라. 관계가 힘들 때는 사랑을 **195**

상처는 오히려 다른 사람에게
위로와 공감이 될 수 있다.
이제는 나의 상처를 숨기지 않고,
그것을 도구 삼아 누군가를
위로하고 치유하는 사람이 되고 싶다.

The Monk by the Sea

선택하라, 서로 하나 되기 위해 상처 입고 쓰라린 감정 사이를 거닐라." 이 말들은 나의 지난 삶을 되돌아보게 했다.

나는 때때로 스스로가 너무 많은 상처를 받은 사람이라고 생각했다. 세상에 혼자 버려진 느낌이 들 때도 있었고, 그 고통을 핑계 삼아 사랑하는 이들에게 상처를 주었던 적도 있다. 어린 시절의 가난은 나를 위축시키고, 자존감을 앗아갔다. 나는 다른 사람에게 의지하기보다는 상처를 숨기고 외면하는 방식을 택하며 점점 더 어두운 길로 들어갔다.

최근 한 목사님께서 나에게 이런 말씀을 하셨다.

"원장님은 상처가 많은 과일이어서 그토록 진한 향기가 나는 거였군요. 누구보다 많이 아파봤고 상처받았기 때문에 상처 입은 사람들 마음을 잘 아시는 것 같아요."

그 말은 나를 일깨웠다. 상처를 숨길 필요가 없다는 사실, 오히려 그것이 다른 사람에게 위로와 공감이 될 수 있다는 사실을 깨달았다. 이제는 나의 상처를 숨기지 않고, 그것을 도구 삼아 누군가를 위로하고 치유하는 사람이 되고 싶다.

요양원에서 함께 지내는 어르신들은 나의 가장 가까운 이웃이다. 그분들의 손을 잡고 이야기를 듣고, 때로는 눈물도 함께 흘리며 공감하고 싶다. 나의 삶은 어르신들의 지난 이야기와 맞닿아 있는 것 같다.

"남편을 잃으셨다고요? 저도 그 아픔을 알아요."

197

"돈 때문에 힘드셨나요? 저도 그런 시절을 보냈답니다."

"자식 문제로 고민 많으셨죠? 정말 뜻대로 되지 않더라고요."

대화를 나누며 그들의 상처에 공감하고, 상처입는 치료자로서 그들을 위로하는 사람이 되고 싶다.

이제 상처는 나의 무기이자, 나를 힐러로 세우는 도구가 되었다. 앞으로도 가까운 사람들에게, 그리고 내가 만나는 모든 이들에게 그 치유의 힘을 나눠주고 싶다. 나의 실패와 상처들이 내 삶의 후반부에 빛나는 역할을 하기를 소망한다. 요양원 근처에 카페 교회를 만들 계획이다. 치매 환자를 비롯해서 요양원에 계시는 어르신들은 외출할 일이 거의 없다. 그런데 카페 교회가 생기면 요양원을 나와 교회로 가면서 산책도 하고 외출하는 기분도 낼 수 있다. 그뿐만 아니라 카페에 앉아서 바깥에 푸릇푸릇하게 자라나는 예쁜 풀과 꽃도 구경하며 이런저런 대화를 나눌 수 있다. 사람들이 많이 모여 있으면 적적하거나 외롭지 않을 것이다.

지역 사회에 공헌하는 형식으로 카페를 찾아오는 사람들에게 심리상담을 해주고 싶다. 카페 교회와 요양원으로 이어지는 길에 산책로를 만들어서 어르신들이 좋아하는 풀, 나무, 열매, 흙을 마음껏 누리게 해주고 싶다. 지나가던 사람들이 누구나 편하게 왔다가 쉬고 가는 공간을 만들고 싶다. 그 길은 아직 가보지 못한 더없이 새롭게 기대되는 여정이다.

재앙이 아니라
평안이다

사람들은 첫인상만 보고 내가 고생을 모르고 자랐을 거라고 짐작한다. 작고 고운 내 손을 보면서 힘든 일을 해본 적이 없을 거라고 짐작한다. 그러나 내 삶을 규정짓는 단어는 괴로움과 어려움, 즉 고난이었다.

삶의 어려움은 늘 내 곁에 머물렀다. 그림자처럼 소리 없이 나를 따라다녔다. 하루를 기도로 시작하고 마무리하지 않으면 안 될 만큼 고난이 너무 무거웠다. 사업으로 마음을 졸이던 나날들, 돈을 융통하러 이곳저곳을 뛰어다녀야 했던 삶, 힘겨움은 내 일상의 풍경이었다.

남편을 떠나보내고 혼자 남매를 키우고 친정 식구들까지 살펴야 했다. 누구도 대신 짊어질 수 없는 짐들이 내 어깨에 쌓여갔다. 사업을 시작한 후에는 돈에 대한 압박감이 나를 옥죄었다. 잠을 자도 늘 불안했다. 편하게 잔 날은 손에 꼽을 정도였다. **199**

그러나 고난은 단지 시련만을 남기지 않았다. 나를 무너뜨리려 했던 그 모든 무게는 어느 순간 내가 더 단단해지는 원동력이 되었다. 나는 고통 속에서도 기도하며, 소망을 움켜쥐며 하루하루를 견뎌왔다. 고통은 내게 벽처럼 느껴졌지만, 그 벽을 넘어서자 그것이 앞으로 올라 갈 계단임을 깨달았다.

얼마 전 요양원에도 고난이 닥쳤다. 이런저런 불미스러운 일이 한꺼번에 몰아쳤다. 금리가 높아지면서 이자 부담은 커졌고 크고 작은 사건사고까지 덮쳤다. 내가 할 수 있는 일은 기도뿐이었다. 나는 풀리지 않는 어려운 문제들을 놓고 눈물로 기도했다. 늦은 밤 예배당 맨 앞에 앉아 기도했다. 시간이 어떻게 흘러가는 줄도 몰랐다. 기도 중에 나도 모르게 한 문장을 반복해서 말하고 있었다.

"재앙이 아니라 평안이다. 재앙이 아니라 평안이다."

기도를 마치고 그 자리에서 바로 이 문장을 인터넷 검색창에 입력했다. 내가 잘 모르고 중얼거렸던 말은 성경 말씀이었다.

여호와의 말씀이니라 너희를 향한 나의 생각을 내가 아나니 평안이요 재앙이 아니라 너희에게 미래와 희망을 주는 것이니라 (예레미야 29장 11절)

200   "재앙이 아니고 평안이라고?"

이 말씀 앞에 고꾸라진 나는 주님께 이렇게 기도했다.

"주님, 저에게 주신 말씀이 맞나요? 주님이 주신 말씀이라면 사람을 통해서든 환경을 통해서든 이 말씀을 다시 한번 들려주세요. 그러면 재앙을 평안으로 받아들일 수 있을 거 같아요."

며칠 후 지방에 갈 일이 생겨서 차 안에서 인터넷 예배를 드리게 됐다. 고속도로를 달리고 있어서 영상은 볼 수 없고 음성만 들어야 했다. 그런데 설교하시는 목사님께서 "재앙이 아니라 평안이다." 하고 말씀하시는 것이 아닌가!

온몸이 전율하면서 '아' 하는 탄성이 저절로 나왔다. 목사님의 말씀에 나는 확신했다. 하나님이 내게 주시려는 것은 재앙이 아니라 평안이라는 것을.

"주님, 주님이 주신 말씀이 맞네요. 주님이 제 기도에 응답해주셨네요. 이제 의심하지 않을게요."

그리고 나는 다시 고난에 대해 생각했다. 그러면서 시련과 고난은 나를 힘들게 하려는 게 아니라 나를 단단하게 하려는 하나님의 계획이라는 걸 깨달았다. 그 고난은 나를 인내하게 하고 결국에는 내게 부족함이 없게 하려고 하나님이 내린 선물이라는 것을.

고난은 하나님을 더욱 의지하게 하고 내가 스스로 해결할 수 없는 문제가 있음을 인정하고, 하나님의 뜻을 구하며 나아가게 했다. 고난은 나의 믿음을 시험하고 성장시키는 도구였다. **201**

그리고 야고보서 1장 2~4절 말씀으로 나는 나의 고난을 기쁨으로 감당할 수 있게 되었다.

> 내 형제들아 너희가 여러 가지 시험을 당하거든 온전히 기쁘게 여기라 이는 너희 믿음의 시련이 인내를 만들어 내는 줄 너희가 앎이라 인내를 온전히 이루라 이는 너희로 온전하고 구비하여 조금도 부족함이 없게 하려 함이라 (야고보서 1장 2~4절)

여러 가지 시험은 나에게 인내를 가르쳤다. 우리 삶에 희망이 보이지 않는다고 할지라도 낙심해서는 안 되는 이유는 그 고난들이 우리를 성숙하게 하기 때문이다. 어려움과 고통이 나에게 휘몰아친다 해도 하나님을 바라보고 소망의 끈을 놓아서는 안 된다. 내 삶에 예고 없이 찾아온 절망적인 악재는 재앙이 아니라 장래에 소망을 주시려는 하나님의 뜻이었음을 이제는 안다. 또한 나를 성장시키는 디딤돌이었음을 안다. 이제 나는 어려움이 닥치더라도 두려워하지 않는다. 오히려 하나님께 모든 것을 맡기고 평안을 구하게 되었다. 삶의 재앙을 평안으로 바꾸시는 하나님께 감사하며….

넘을 수 없는 산은
없다

🛩

     오늘도 단체 카톡방은 분주하다. 누군가 글을 올렸나 보다. '기도할게요' '아멘' 누군가의 기도 제목이 올라오면 이런 답글이 달린다.

> ○○어르신이 아픕니다. 함께 기도해 주세요
>
> ○○어르신이 곧 돌아가실 거 같습니다. 천국 가실 수 있도록 기도해요.
>
> 요양보호사 따님이 사고가 났습니다. 빨리 회복할 수 있도록 기도해 주세요.
>
> 보호자 분이 오해해서 요양원을 노인학대로 신고했습니다. 오해가 풀리도록 기도해주세요.

요양원은 사람이 많은 곳이라 사건사고와 이야기가 끊이지   **203**

않는다. 치매로 고통받는 어르신들과의 하루하루, 때로는 가슴 아픈 이별까지 모든 순간이 우리를 시험한다. 하지만 나에게는 중보기도 팀이라는 든든한 버팀목이 있다. 카톡방에 기도를 제일 많이 요청하는 사람은 나다. 부족한 원장이기에 이들의 적극적인 기도 지원이 없다면 나는 오랜전 이 일을 그만두었을지도 모르겠다. 그러나 중보기도 팀이 있었기에 지금까지 올 수 있었다. 이들의 기도는 지친 몸과 마음에 새로운 용기를 불어넣고, 예상치 못한 평안을 선물해 준다.

카톡방에 함께 있는 중보기도 팀은 20여 명 정도 된다. 그들은 요양원에 일어나는 크고 작은 일들을 위해 함께 기도한다. 그래서 이 카톡방은 간증이 넘쳐나는 은혜의 공간이 되기도 한다.

나에게 있어 중보기도 팀원들은 단순히 요양원의 직원이 아니다. 그들은 이곳에서 사랑을 실천하며 하나님의 섭리를 전하는 사역자들이다. 나 자신이 힘겨워서 주저앉고 싶을 때, 그들의 기도는 마치 보이지 않는 손처럼 나를 다시 일으켜 세운다. 그런 점에서 그들은 나를 돕는 자들이다.

성경에는 모세가 아말렉과의 전투에서 팔을 들고 기도하는 장면이 있다. 모세가 팔을 들고 기도하면 이스라엘 백성들이 승리하고, 팔을 내리면 전세가 기울었다. 아론과 훌은 모세가 팔이 내려가지 않도록 팔을 붙들어 주어 이스라엘이 승리할 수 있도록 돕는다. 성경 속 이 장면은 중보기도의 힘을 상징적으로 보여준다.

중보기도 팀은 마치 모세의 손을 붙들던 아론과 훌과 같다. 그들의 기도는 직원들과 어르신들 모두에게 하나님의 은혜를 흘려보내며 요양원 공동체를 하나로 묶는 끈이 되어 주었다.

호주의 한 병원에서 진행된 실험도 중보기도의 힘을 보여준다. 환자들을 두 그룹으로 나누어 한쪽만 중보기도 팀의 기도를 받도록 했는데 기도를 받은 그룹의 환자들이 훨씬 더 빠르고 좋은 회복세를 보였다. 이 사례는 기도가 단순한 종교적 행위가 아닌, 실제 삶 속에서 영향을 미치는 강력한 도구임을 입증한다.

중보기도는 단순히 자신의 필요를 하나님께 간구하는 기도가 아니다. 타인을 위해 드리는 기도로 사랑과 헌신의 표현이며, 하나님과 더 가까워지도록 하는 다리다. 중보기도는 공동체 내에서 서로의 짐을 나누고, 어려운 상황에서도 연대감을 강화한다.

우리 요양원의 중보기도 팀은 단순히 힘든 순간을 버티게 하는 데 그치지 않고, 공동체에 새로운 생명력을 불어넣는다. 중보기도를 통해 하나님의 사랑과 은혜가 타인의 삶 속에 역사하고, 이를 목격하는 우리는 더욱 큰 믿음과 감사로 나아가게 된다.

205

기도는 하나님의 크기를 경험하게 한다. 우리는 종종 문제의 크기를 두려워하지만, 하나님은 그 문제보다 크신 분이다. 기도를 통해 하나님께 문제를 의탁할 때, 그분은 우리 삶 속에 놀라운 일을 이루신다. '말이 씨가 된다'라는 속담처럼, 우리는 입술의 열매를 거둔다. 우리가 하나님께 문제를 맡기고 믿음으로 기도할 때, 하나님은 우리가 상상할 수 없는 방법으로 역사하신다.

요양원의 일상은 여전히 크고 작은 도전들로 가득하다. 그러나 중보기도 팀이 있기에 오늘도 요양원은 맑음이고 평안이다. 그래서 이 말을 전하고 싶다.

"당신들이 있었기에 여기까지 내가 왔고 앞으로도 잘해 낼 것이라고. 정말 고맙다고."

약속의 땅,
클래상스요양원

이스라엘 백성들에게 가나안 땅은 단순히 땅이 아니라 하나님의 약속이 이루어진 상징적인 장소이다. 그들에게 가나안은 믿음과 순종의 결실이 드러난 땅으로, 하나님의 신실함을 체험하는 공간이었다. 나에게도 그런 약속의 땅이 있다. 바로 클래상스요양원이 자리 잡은 이곳이다. 이곳은 노인 복지를 위해 헌신하겠다는 내 마음을 실현하고, 하나님이 주신 소명을 감당할 수 있는 축복의 터전이다.

어릴 적부터 나는 노인들을 유독 잘 따르고 섬기는 재능을 가지고 있었다. 당시에는 '실버타운'이라는 개념조차 생소했지만, 내 마음속에는 항상 막연한 꿈이 자리 잡고 있었다. "내 꿈은 실버타운을 운영하는 거야." 아직 실버타운이 무엇인지도 잘 모를 때였지만, 노인들을 섬기고 돕는 일이 내 삶의 목표라는 확신만은 분명했다. 시간이 흘러 결혼하여 가정을 이뤄 남편과 아이들과 함께 주말마다 혼자 사시는 어르신들께 반찬을 나르고 김치를 담그는 봉사를 했다. 그러면서 내 꿈은 점점 구체화되었다. 어린이집을 운영했던 경험 또한 요양원을 세우는 데 큰 밑거름이 되었다.

그러나 약속의 땅을 찾는 과정은 결코 쉽지 않았다. 남편이 세상을 떠난 후, 깊은 슬픔 속에서 매일같이 기도하며 버티던 시간이 있었다. 그 당시 나는 서울 신촌에서 인천에 있는 '마가 다락방'을 매일 오가며 예배를 드렸다. 기도 외에는 살아갈 힘이 나오지 않았기에, 나는 매일 마가다락방을 오갔다. 그러면서 내 마음속에 작은 소망이 자리 잡았다.

"기도하는 곳과 가까운 곳에 집이 있었으면 좋겠어요. 마당이 있고 대문이 있는 집이면 좋겠지만, 좋은 집이 아니어도 괜찮아요."

그렇게 하나님께 간절히 기도하던 중, 어느 날 기도의 응답처럼 내 앞에 나타난 집이 있었다. 기도원 아래 단독주택으로, 마당이 넓고 대문이 있는 바로 내가 꿈꾸던 집이었다. 그 집을 처음 발견한 날, 나는 온몸에 전율을 느꼈다. 내 기도에 응답하신 하나님께 감사하며, 나는 곧바로 부동산으로 달려갔다. 하지만 집주인이 생각하는 매매가는 나에게 너무 높았고 그는 전세를 놓을 생각이 없었다. 나는 집주인에게 사정을 설명하며 매매할 계획이 있으니 우선 월세라도 살겠으니 2년치 월세를 일시불로 주고 들어가게 해달라고 부탁했다. 그렇게 어렵게 들어가 살게 된 이 집은 이후 내 삶의 새로운 시작점이 되었다.

이후 몇 년 동안 그 집을 매입하기 위해 끊임없이 기도하고 노력했지만, 상황은 나를 시험하는 듯 더 어려워졌다. 부동산 가격이 상승하면서 집주인은 처음 약속한 가격보다 더 높은 금액을 요구했고, 결국 팔지 않겠다고 마음을 바꾸었다. 크게 실망한 나는 비슷한 환경의 다른 곳을 찾으려 애썼다. 하지만 아무리 찾아도 처음 발견했던 그 집만큼 마음에 드는 곳은 없었다. 집주인의 마음이 다시 변하기를 기다리며 또다시 반년의 시간이 흘렀다. 그 사이 나는 점점 지쳐갔고, 거의 포기하고 다른 곳으로 이사할 결심을 하게 되었다.

그러던 중 부동산 정책이 바뀌면서 다주택자에게 중과세가 적용된다는 소식을 들었다. 집주인은 세금 문제로 인해 결국 집을 처분할 수밖에 없게 되었다. 중개사를 통해 다시 연락을 받았을 때, 나는 기쁨을 감출 수 없었다. 서둘러 계약에 필요한 서류를 준비하고 약속 장소로 향하는 길에 감사의 눈물이 흘렀다. 그동안의 마음 고생과 어려움이 떠올라 하나님께 감사하지 않을 수 없었다.

그러나 계약서를 작성하러 간 날, 집주인은 다시 마음을 바꾸려 했다.

209

"아무리 생각해도 집을 파는 건 아닌 것 같아요."

그 순간 부동산 사장님이 테이블 위에 적어둔 집주인의 계좌 번호가 눈에 들어왔다. 나는 고민할 틈도 없이 계약금을 얼른 송금해버렸다. 집주인은 더이상 말을 바꿀 수 없게 되었고, 그렇게 나는 내가 간절히 원했던 집을 얻게 되었다. 집으로 돌아가는 길에 다시 눈물이 흘렀다.

"주님, 뭘 믿고 저한테 이렇게 은혜를 베푸시나요? 저는 아무 능력도 없는데 주님이 저를 이렇게 인도해 주셨어요."

이 집을 매입한 후, 나는 내 마음 깊은 곳을 들여다보았다. 그리고 스스로에게 물었다.

'내가 진정으로 원하는 게 무엇일까?' 돈도 아니고, 명예도 아니었다. 내 마음속에는 파노라마처럼 선명한 그림이 떠올랐다. 새로 산 집 자리에 요양원을 세우고, 그곳에서 어르신들을 섬기는 내 모습이었다. 어르신들이 행복해하고, 직원들이 좋은 환경에서 일하며, 모두가 웃음 짓는 모습을 상상할 때마다 내 마음은 평안과 기쁨으로 가득 찼다.

하나님은 내 이런 순수한 초심을 기쁘게 여기시고, 내가 그 비전을 실현할 수 있도록 길을 열어주셨다. 클래상스요양원은 단순히 사업장이 아니다. 이곳은 하나님께서 주신 사명을 이루는 공간이고, 하나님의 사랑을 전하는 터전이다. 어르신들이 웃고, 직원들이 행복해하며, 모두가 하나님의 은혜를 경험하는 이곳은 나에게 있어 진정한 약속의 땅이다. 이곳이 나의 가나안 땅이다.

지금도 나는 클래상스요양원에서 이루어지는 모든 일이 하나님의 섭리와 은혜임을 믿는다. 하나님은 부족한 나를 사용하셔서 그의 계획을 이루어가고 계신다. 나의 이야기를 통해 누군가에게도 하나님이 약속하신 땅이 있음을 알리고 싶다. 그 땅을 향해 나아가는 모든 이들이 하나님의 인도하심 속에서 그의 뜻을 이루어가기를 소망한다.

6부

나의 심장을
그에게 주십시오

누구에게나
어두운 면이 있다

아인슈타인은 이렇게 말했다.

"선입견을 깨는 것보다 원자를 깨는 게 훨씬 쉬울 때 세상은 얼마나 슬픈가."

그의 말에 따르면 우리 머릿속에 있는 편견이 가장 견고하고 깨기 어려운 두꺼운 껍질을 가졌다고 해도 과언이 아니다.

영어로 선입견은 프레주디스(prejudice), 편견은 바이아스(bias)라고 한다. 내가 직접 경험하기 전에 미리(pre-) 판단(judice)을 내린 게 선입견이라면, 기울어진(bia) 시각으로 세상을 보는 게 편견이다. 시몬 드 보부아르는 "의심의 여지 없이 편견에서 완전히 자유로운 마음을 가지고 인간 문제에 접근하는 건 불가능하다."라고 했다. 연인이었던 사르트르와 계약 결혼을 하며 살았던 그가 얼마나 편견 어린 시선을 많이 받았을지 생각해 보면 그리 과한 말이 아니다.

나에게도 나름의 편견과 선입견이 있다. 이 편견과 선입견이 고정된 생각으로 굳어져 나의 사소한 행동을 제한하고 사람들을 평가하고 재단하게 한다. 때로는 자유로운 사고를 막기도 한다.

거슬러 올라가면 내가 하는 생각, 내가 관계 맺고 있는 사람은 나의 성장 배경, 종교적 배경, 경험의 영향을 받아서 결정됐다. 나는 기독교 문화와 보수적인 가치관이 뿌리내린 집안에서 자랐다. 자연히 가부장적인 문화에 영향을 많이 받았다. 또 사업을 하면서 겪었던 일로 인해서 선입견이 생기기도 하고 가치관이 바뀌기도 했다. 다양한 경험이 나를 강하게 만들고 성장시키기도 했지만, 벽이 되어 인간관계를 방해하기도 했다.

예를 들면 나는 이런 편견과 선입견에서 자유롭지 못하다.

'저 사람은 크리스천이 아닌데 믿을 수 있을까?'

'목사 사모라면 옷차림이 정숙하고 얌전해야 하는 거 아닌가?'

이뿐만 아니라 타인의 긍정적인 평가와 호의도 있는 그대로 받아들이지 못했다. 자존감이 부족한 탓인지 몰라도 긍정적인 평가에 나는 되레 움츠렸다. 사람들이 나를 좋아해도 그 감정을 그대로 받아들이지 못한다. 나를 좋아할 때는 이유가 있을 것이다. 아무 조건 없이 나를 좋아할 리는 없을 거라고 생각했 **215**

하나님을 사랑하는 사람.
음악과 책을 좋아하는 사람,
내 이야기에 귀 기울여 주는 사람,
나를 편안하게 해주는 사람,
묵묵히 한결같은 사람,
정직한 사람,
이런 사람을 가까이하고 싶다.

Seine at Tournedos

다. 그런 까닭에 나에게 다가오는 사람들에게 경계심을 갖는다. 나쁜 일이 생기면 내 잘못 때문이라는 죄책감이 들기도 한다. 속을 보이면 무시당할 거라는 두려움에 속마음을 감췄다.

또 성별에 따라 역할이 정해져 있다고 생각해서 요리와 집안일은 여자가 해야 한다고 생각한다. 이런 생각 때문에 아이들과 갈등을 빚는다. 사업은 아들에게 물려주고 싶어 하고 딸은 정리 정돈을 더 잘하고 여성적이기를 바란다.

집안에서 미운 오리새끼 취급을 받으며 자랐지만, 부모님을 책임져야 한다는 생각에, 내가 힘이 닿는 한 시부모님과 친정을 봉양하고 있다. 이런 의무감과 책무감은 때로는 무거운 짐이 되기도 한다. 하지만 양가 부모를 경제적으로 돕지 못하면 죄책감에 시달린다.

그렇다면 나를 둘러싼 환경과 조건은 부정적인 결과만 낳았을까? 그렇지 않다. 누구에게나 어두운 면은 있다. 나는 그런 면이 약점이라거나 그늘이라고 생각하지 않는다. 그 모든 것이 나의 장점과 어우러져서 나라는 사람을 이루고 그 또한 나의 일부라서 장점만큼이나 소중하다.

세상 만물은 예외 없이 이면이 있고 그것을 어떤 관점으로 바라보느냐에 따라 삶의 태도도 달라진다. 연약하기 때문에 강해질 수 있고 겁이 많기 때문에 용감해질 수 있다. 예를 들면 나의 종교적 배경은 도덕성이라는 덕목을 심어주었다. 살면서 **217**

중대한 결정을 내려야 할 때 중요한 기준이 된다. 또 부정적인 자아상을 갖고 있지만 하나님의 딸이라는 사실을 끊임없이 상기하게 된다.

사업을 하면서 배신을 당하기도 하고 어려움을 겪게 하는 사람들을 만났다. 그러면서 사람은 믿을 존재가 아니라는 것을 알게 되었다. 하지만 뿌린 대로 거두고, 죄를 지으면 언젠가는 벌을 받는다고 믿는다. 사람은 믿을 존재가 아니지만 사랑할 만한 존재라고 생각한다. 기도하지 않으면 고난을 이길 수 없다. 고난이 없으면 성장도 할 수 없음을 배웠다.

나는 어떤 사람을 좋아할까? 하나님을 사랑하는 사람, 음악과 책을 좋아하는 사람, 내 이야기에 귀 기울여 주는 사람, 나를 편안하게 해주는 사람, 묵묵히 한결같은 사람, 정직한 사람, 배울 점이 많아 나를 성장하게 하고, 내 인생에 긍정적인 영향을 미치는 사람들이다. 이런 사람을 가까이하고 싶다.

나는 어떤 사람을 멀리했을까? 부정적이며 비난하는 사람, 사람을 조종하려는 사람, 남을 험담하는 사람, 아부하는 사람, 허영과 사치스러운 면이 있는 사람, 거짓말하는 사람, 인색한 사람이다.

그렇다면 나는 어떤 사람일까? 내가 만나고 싶고 가까이하고 싶어 하는 사람에게 어울릴 만한 인격과 태도를 갖추고 있을까? 혹시 나는 내가 멀리하려고 했던 모습이 나에게도 나타나지는 않을까?

세월은 나에게 세상을 더 넓게 보고 타인을 이해할 수 있는 시야를 선물했다. 그래서 나는 하루하루 나 자신, 요양원, 가족, 주변 사람들을 더 잘 살피려고 노력한다. 그렇게 한참을 바라보면 나 자신은 물론이고 타인도 기꺼이 사랑할 수 있는 존재임을 깨닫는다. 오늘도 힘이 닿는 데까지 나와 주변을 사랑하고자 애쓰며 살아가고 싶다.

아들아, 힘내자

"엄마, 저 다시 시작해 볼게요."

경하가 무릎을 꿇은 채로 고개를 푹 숙이고 말했다. 눈에서는 뜨거운 눈물이 뚝뚝 떨어졌다. 갑자기 떠난 아버지가 너무 그리워서, 아버지와 함께 달리기로 했던 마라톤 대회에 아버지 영정을 휠체어에 싣고 밀면서 달렸던 내 아들 경하. 그 여린 마음 어디에 상처가 그렇게 많은지 아들은 혼자 고통을 견디다가 우울증에 빠졌다.

경하는 힘겨운 날들이 찾아올 때마다 아빠가 묻힌 영월로 내려갔다. 때로는 그곳에서 한 달이 넘도록 지내기도 했다. 거의 반 노숙자와 같던 아들은 세상의 무게를 짊어진 채, 아버지의 무덤 앞에서 울며 시간을 보냈다. 어느 날은 무덤 앞에 차를 세워두고 잠들었다가 늦은 밤 깨어나 산에서 내려오기도 했다.

부끄럽게도 나는 나대로 남편의 죽음을 받아들이지 못하고 방

황하느라 아들의 아픔을 보살피지 못했다.

아들은 아버지 없는 우리 집에서 이제 자신이 가장이라고, 그 초조함을 어떻게든 이겨내려고 이런저런 사업을 시작했다. 하지만 직장 생활을 많이 해 본 적이 없는 아들에게 사업은 쉽지 않았다.

"빨리 돈을 벌어서 엄마랑 동생을 기쁘게 해야겠다고 생각했어요."

'그러면 하늘에 계신 아버지도 기뻐하시고 나를 믿고 우리 가족 걱정은 하지 않으시겠지' 하고 경하는 생각했단다.

아들은 여러 사업에 손을 댔지만, 그때마다 실패해 빚만 생겼다. 아들은 감당할 수 없는 수렁으로 빠져들어 갔다. 결국 대출로 빚을 끌어 쓰다가 갚지 못해서 신용불량자가 되었고 방 안에서 한 발짝도 나오지 않고 은둔하기 시작했다. 아들은 원래 활달한 아이였다. 내가 일 때문에 스트레스를 받으면 내 기분을 풀어주려고 다가와서 살갑게 말을 걸고 웃겨주려고 실없는 농담도 건네던 착한 아들이었다.

그랬던 경하가 방문을 걸어 잠그고 은둔 생활을 하게 될 줄이야. 길어야 일주일이나 열흘 정도일 거라고 생각했는데 한 달이 지나고 두 달, 석 달이 지나더니 여섯 달째가 되도록 아들은 방 밖으로 나오지 않았다.

아들은 모두 잠든 새벽에나 잠깐씩 문밖으로 나왔다. 밥은 **221**

문 앞에 두면 언제 먹었는지 모르게 조용하게 빈 그릇만 내놓곤 했다. 그 좁은 방에서 아들이 혼자 무슨 생각을 하며 하루 종일 시간을 보내는지 헤아리려고 할 때마다 억장이 무너졌다.

한번은 아들을 억지로라도 밖으로 나오게 하려고 했다. 그러자 경하는 공격성을 드러냈다. 자신을 그냥 내버려두라며 방 안에 있는 물건을 집어 던지며 소리를 지르기도 했다.

울부짖는 경하를 보면서 모든 게 내 잘못이라는 생각이 들었다. 그런 난리 통에 연락할 곳이라고는 마가다락방 김성준 목사님밖에 없었다.

"이럴 때일수록 경하를 위해 기도하셔야 합니다. 아시죠?"

목사님은 내가 어떻게든 아들과 함께 예배하러 오면 어디선가 뛰어와서 기도해 주셨다. 사실 아들은 절망에 빠져서 아무것도 안 하겠다고 했고 학교도 나가지 않아 제적 직전까지 갔었다. 그래도 다행히 자신을 위해서 간절하게 기도하는 엄마와 목사님을 보면서 아들은 조금씩 마음을 열기 시작했다.

그 무렵 나는 요양원을 시작한 지 얼마 되지 않았다.

나는 아들을 달래고 얼러 요양원에 억지로 끌어들여 출근시켰다. 그리고 나의 권유로 사회복지를 공부하기 시작했다. 처음에는 의욕이 전혀 없던 아들이었지만 조금씩 생기를 되찾아 갔다.

222

"엄마, 이제라도 열심히 살아야겠다는 생각이 들어요."

아들은 일에 재미를 느끼고 보람도 찾아가고 있었다.

아들은 어르신들을 모시고 외출하는 걸 좋아했다. 아들은 어르신들을 보면 무균실에서 투병하던 돌아가신 아버지가 떠오른다고 했다. 아버지가 답답한 병실 안에서 숨 막혀 했던 날들을 떠올리며, 아들은 어르신들을 데리고 바깥바람을 맞게 해드리는 일을 지금도 계속하고 있다. 누워만 계시는 어르신들이 따스한 햇살과 신선한 공기를 느낄 수 있도록 힘들어도 차로 모시고 가까운 공원으로 나간다.

아들의 손길은 언제나 세심하고 배려심이 깊다. 남자 어르신들의 목욕을 직접 해드리며, 그들의 손발이 되어 드리려는 아들은, 어느새 자신의 마음속 우울함을 녹여내고 있었다. 아들의 따뜻한 마음은 어르신들에게 위로가 되기도 하지만 자신에게도 상처를 회복하는 힘이 됐다.

경하는 일에 집중하면 밤 11시, 12시까지도 퇴근하지 않았다. 요양원 구석구석을 돌아보면서 요양원이 어떻게 돌아가는지 파악하고 어르신들이 무엇이 필요한지 살펴보고 다녔다. 다른 사람들이 몇 년을 운영하며 알게 된 것들을 아들은 1년 만에 습득했다. 요양원을 10년 넘게 운영한 원장님들이 경하에게 모르는 걸 물어볼 정도였다.

그러던 어느 날 요양원에 화재가 발생했다. 밤 11시쯤 늦은 **223**

시간이었는데 그날도 경하는 야근 중이었다. 마침 퇴근하려고 하는데 핸드폰 화면에 아빠 사진이 뜨는 걸 봤다고 했다.

'어, 아빠 사진이네. 본 적도 없는 사진인데 뭐지?'

아들이 이 사진이 왜 여기 뜬 걸까, 반가운 아빠 얼굴의 생각에 잠겨 있는 중에 사이렌이 크게 울렸다. 경하가 어르신들과 요양사 선생님들을 신속하게 대피시켰고 인명피해는 발생하지 않았다.

기도원에서 기도를 마치고 나오는데 119에서 소방차가 출동한다는 소식을 들었다.

소방대원에게 무슨 일이냐고 묻자, 소방대원이 말했다.

"원장님이 요양원에 불난 것도 모르세요?"

부리나케 요양원으로 달려갔다.

도착해 보니 바닥은 물바다였고 벽은 발화 원인을 찾기 위해 구멍을 여기저기 뚫어놓았다. 도대체 왜 불이 났는지 원인을 찾을 수 없었다.

놀라서 몸이 마구 떨리던 중에 경하가 와서 내 어깨를 잡아주었다.

"엄마, 괜찮아요. 어르신들은 모두 안전해요."

지금도 그날 경하가 없었더라면 요양원이 어떻게 됐을지 아찔하다. 6개월 넘게 방 안에서 한 발짝도 나오지 않았던 아들이 지금은 남편이 떠난 자리를 채우는, 나의 든든한 버팀목이 되었다. 한참 경하가 방황할 때 나는 어쩌면 아들을 잃을지도 모르겠다는 두려움과 불길한 예감에 사로잡히기도 했다. 그래도 경하의 가슴에는 주님과 아버지가 살아계셔서 그 큰 절망과 좌절을 겪고도 다시 본래의 모습을 찾았다. 아니, 그 전보다 더 성숙하고 훌륭한 아들이 되었다.

몇 년이 지난 이제 경하에게는 새로운 꿈이 생겼다. 우리 요양원을 다른 요양원들의 모범이자 본보기가 되는 곳으로 만드는 것이다. 새로운 꿈을 이루기 위해서, 또 요양원을 더 잘 운영하고 어르신들을 잘 돌보는 경영인이 되기 위해서 경하는 의료경영대학원에 진학하기로 했다. 아들의 꿈과 도전을 응원한다.

나의 심장을
그에게 주십시오

"주님, 나의 건강을 어르신에게 주시고 어
르신들의 아픔을 내게 주세요. 잠시라도 그의 서러움
과 아픔을 내게 주시고 하루라도 그분들이 자유롭고
평안하게 해주세요."

요양원을 시작하며 나는 이렇게 기도했다. 이런 마음을 품게
된 데는 한 권의 책이 큰 영향을 미쳤다. 하형록 작가의《페이
버》이다. 이 책은 지금도 내 사무실 책꽂이에 여러 권 꽂혀 있
다. 책을 읽자마자 크나큰 감동을 받았고 그 감정을 다른 이들
과 나누고 싶어서 주변 사람들에게 선물로 건네고 있다. 특히
회사를 운영하거나 꿈꾸는 사람들에게 반드시 읽어보라고 추
천한다.

《페이버》를 쓴 하형록 저자는 팀하스(TimHaahs)라는 건축설

계회사의 대표다. 그는 30대 초반에 심실빈맥증으로 죽음을
맞이할 위기에 처했다. 하지만 그가 겪은 기적적인 경험은 그
의 인생과 경영 철학에 큰 영향을 미쳤다. 심장을 이식받지 못
하면 며칠 내로 생명이 위태로운 상황에서 그는 자신의 순서
대로 돌아온 심장을 다른 환자에게 양보한다. 그 환자가 더 생
명이 급박하기 때문이었다.

그 후 그는 일주일 만에 혼수상태에 빠지고 만다. 그러나 기
적적인 일들이 일어나면서 심장을 이식받고 살아난다. 한 편
의 영화를 보는 듯한 숨 막히는 과정을 읽으며 하나님께서 그
를 어떻게 사용해 가실지 궁금했다. 그는 이 사건 후 자신의 믿
음과 가치관을 기업을 운영하며 실천하기로 한다.

하 회장은 말한다.

"이웃을 사랑한다는 것은 내가 주고 싶은 것을 주는 것이 아
니라 그들에게 필요한 것을 주는 것이다."

하형록 회장의 책은 흔한 기업인의 자서전이 아니다. 인간
적인 가치와 경영 철학을 아우르는 교훈서다. 그의 이야기에
서 진정한 리더십은 타인을 위해서 무엇을 할 수 있을지 고민
하고 실천하는 것임을 배웠다. 그가 보여준 겸손, 헌신, 그리고
사회적 책임을 다하는 경영은 나에게 큰 영감을 주었다. 그의
인생이 나에게 깊은 울림을 주었고 그의 철학으로 요양원을
운영하며 지녀야 할 마음가짐을 되새겼다. 내가 할 일은 시설 **227**

을 운영하는 데서 그치지 않고 어르신들에게 필요한 것을 채워드리는 것까지가 나의 소임이 되었다.

나는 매일 밤 이렇게 기도한다.

'주님, 부족한 저를 믿고 이렇게 많은 어르신을 맡겨주신 이유가 뭔가요?'

이렇게 기도하면 어느새 질문은 나를 향하곤 했다.

'진짜 내 마음 깊은 곳에 진심은 무엇일까?'

'내가 가장 원하는 삶은 어떤 것일까?'

'나는 영혼을 사랑하는 마음으로 요양원을 하고 있는가?'

'내 욕심과 야망을 감추고 그럴듯한 포장으로 자신을 속이고 있지는 않은가?'

'진정 내가 원하고 행복한 삶은 어떤 삶인가?'

내가 섬기는 어르신들이 마지막 여정을 따뜻하고 평안하게 보내기를 바란다. 요양원은 내 마음과 영혼이 머무는 집이다. 내가 어르신들의 작은 평화를 드릴 수 있다면 그것으로 만족한다.

주님

이곳이 나의 심장을 그들에게 주는 마음으로

사랑을 실천하는 자리가 되게 하시고

이곳이 어르신들에게 따스한 쉼터가 되고

나에게는 진심을 다해 섬기는 곳이 되게 해주소서.

Pink Cloud Over Mountain

마르지 않는
샘

✈

    어느 날 한 사람이 깊은 우물가에서 물을 길고 있었다. 그 우물은 언제나 맑고 차가운 물로 가득 차 있었지만, 이웃들은 물이 부족해질 것을 걱정하며 쉽게 물을 기르지 않았다. 그러나 그 사람은 매일같이 우물에서 물을 길어 나누었다. 이웃들이 "이렇게 퍼내다 보면 언젠가는 마르지 않겠습니까?"라고 묻자 그는 웃으며 대답했다. "우물은 퍼낼수록 더 맑아지고 차오르는 법입니다. 이 물은 나만의 것이 아니라 모두를 위한 축복이지요."

    나 또한 하나님께 받은 축복을 기억하며, 그 샘을 마르지 않게 하는 삶을 살고자 한다. 나는 처음부터 가진 것이 없었다. 학식도 부족했고 기반도 약했다. 아무것도 없이 시골에서 도시로 올라온 가난한 부모님 밑에서 자란 나는 또래처럼 보통의 일상을 살지 못했다. 친구들이 교복을 입고 학교를 갈 때,

나는 나이를 속이고 공장으로 출근을 해야 했다. 평범하게 사는 것, 그게 나의 소원이었던 날들이었다.

하지만 하나님은 나를 세상의 약한 자들 가운데서 택하셨다.

그러나 하나님께서 세상의 미련한 것들을 택하사 지혜 있는 자들을 부끄럽게 하려 하시고 세상의 약한 것들을 택하사 강한 것들을 부끄럽게 하려 하시며 하나님께서 세상의 천한 것들과 멸시 받는 것들과 없는 것들을 택하사 있는 것들을 폐하려 하시나니 이는 아무 육체도 하나님 앞에서 자랑하지 못하게 하려 하심이라 (고린도전서 1장 27~29절)

이 말씀은 내 삶에 그대로 적용되었다. 나는 하나님의 계획 안에서 은혜를 입었고, 그 은혜로 인해 나의 삶이 바뀌게 되었다. 늦게나마 검정고시로 중고등 과정을 마치고 방송통신대학교를 입학했고, 쉰이 넘어서는 대학원도 진학했다. 여러 사업을 하면서 어려운 날이 더 많았지만 오히려 내가 가진 것을 나눌 수 있었다. 어려운 시절의 곤궁함을 알기에 형편이 힘든 이들을 보면 자꾸 마음이 간다.

하나님은 왜 나에게 재정을 허락하셨을까? 하나님께서 주신 물질은 단지 나를 위해 쓰라고 주신 것이 아니다. 그것은 하나 **231**

님의 선한 사업을 위해, 그리고 어려운 이웃들을 돕기 위해 주신 것이다. 이웃에게 흘러가게 하시려고 나에게 맡기신 것이다. 나는 받은 축복을 나누기 시작했다. 물질을 나누는 기쁨이야말로 내가 누리는 가장 큰 기쁨이다. 많은 사람은 물질을 나누는 것이 부담스러울 것이라고 생각하지만, 실제로는 나눔을 통해 오히려 내 삶이 더 풍요로워지고 가득 차는 것을 경험하게 되었다. 미자립 교회를 돕고 오지에 나가 있는 선교사님을 돕고 함께 일하는 직원들의 형편을 챙기는 일이 나의 즐거운 의무가 되었다. 나는 비움으로 더욱 풍성해지는 내면을 발견하게 되었다.

삶에서 잊지 못할 날이 있다. 바로 생일을 맞이했던 날이다. 그날 직원들이 준비해준 케이크 위에 적힌 문구는 아직도 내 마음을 울린다. "다시 태어나도 원장님 직원할래요."

내가 뭐라고 나에게 이런 칭찬을 하는 걸까? 그 문구를 보는 순간 가슴이 뭉클해 눈물이 흘렀다. 나는 이 과분한 사랑을 받을 자격이 있는지 돌아보며, 요양원을 시작할 때 가졌던 겸손한 마음을 잃지 않게 해달라고 기도했다. 내 삶은 내가 노력해서 이룬 것이 아니라, 하나님의 은혜로 인해 이루어진 것임을 다시 한번 깨달았다.

내 샘은 때로 가뭄의 시기를 맞기도 한다. 그러나 하나님께서는 마른 땅에도 단비를 내려주신다. 어려운 시기를 지날 때마다 하나님의 은혜가 어떻게 나를 다시 일으켜 세우셨는지 나는 삶으로 알고 있다. 하나님은 내가 버틸 수 없는 순간에도 항상 함께하시며, 나의 샘을 다시 흘러넘치게 하신다. 하나님께서 나에게 주신 모든 것들이 흘러넘쳐 다른 사람들에게도 닿기를 소망한다.

> 네 하나님 여호와께서 네게 주신 땅 어느 성읍에서든지 가난한 형제가 너와 함께 거주하거든, 그 가난한 형제에게 네 마음을 완악하게 하지 말며 네 손을 움켜 쥐지 말고, 반드시 네 손을 그에게 펴서 그에게 필요한 대로 쓸 것을 넉넉히 꾸어주라. (신명기 15:7-8)

하나님의 눈물이 머무는 곳, 어려움과 슬픔이 있는 곳에 나의 마음이 머물기를 원한다. 나의 작은 나눔이 하나님의 손에 의해 큰 축복으로 변화되기를 소망하며, 오늘도 나의 샘을 퍼내며 살아간다.

19세기 말, 조지 뮬러라는 선교사가 있었다. 그는 영국에서 고아원을 운영하며 가난한 아이들을 도왔다. 뮬러는 한 푼도 없는 상태에서도 기도로 고아원을 세우고 운영했다. 그는 매일같이 하나님께 필요한 것을 구하며, 놀랍게도 항상 필요 이상으로 채워지는 은혜를 경험했다. 그는 "하나님의 샘은 마르 **233**

지 않는다."는 믿음을 갖고, 자신이 받은 축복을 아이들과 나누었다. 조지 뮬러의 삶은 오늘날까지도 하나님의 은혜와 축복을 나누는 모범적인 삶으로 기억되고 있다.

나의 삶도 이와 같기를 바란다. 하나님께서 주신 샘물을 흘려보내며, 나눔의 기쁨을 누리는 축복의 통로가 되기를 간구한다. 내게 맡긴 물질이 하나님께서 계획하신 선한 목적을 이루는 도구가 되길 소망한다. 오늘도 나는 그 샘물을 길어 나누며, 하나님의 은혜가 내 삶을 통해 흐르기를 기도한다.

딸을
기다리며

딸 지인이는 어려서부터 선생님이 꿈이었다. 친척 동생들이 많아 동생들을 돌보며 언니로서, 누나로서 가르치는 걸 좋아했다. 친척 동생들도 딸을 좋아하고 잘 따랐고 딸은 어린아이들이 너무 예쁘고 좋다고 했다. 그래서 딸의 생활기록부에는 장래 희망이 유치원 교사, 어린이집 교사라고 적혀 있었다.

지인이는 대학을 유아교육과로 진학했고, 졸업 후 유치원 교사가 되어 아이들을 가르치는 선생님이 됐다. 가족은 물론 주변 사람들과 친척들 모두 딸이 꿈을 이룬 걸 격려하고 축하를 아끼지 않았다. 지인이도 그때는 '인생에서 이렇게 기쁜 날이 또 있을까?' 하는 기쁨과 감격을 느꼈다고 했다. 어려서부터 소원하던 꿈을 이루는 일이란 경험하지 못한 사람은 상상할 수 없는 벅찬 기쁨과 감동을 준다.

235

하지만 이렇게 모두의 축복을 받으며 행복하던 날도 잠시, 딸은 스무 살 꽃다운 나이에 사랑하는 아빠를 떠나보냈다. 그것도 퇴원을 5일 앞둔 채로 말이다. 그때만 해도 지인이가 아직 어려서 그 누구도 떠나보낸 적이 없었는데 그 아이가 대면한 첫 죽음이 가장 가까운 가족, 우리 집에서 가장 중요한 자리를 차지했던 아빠라는 게 커다란 충격이었다.

남편이 위독할 때 의사 선생님이 남편에게 어떤 지시를 했는데 그것이 제대로 전달되지 않았는지 남편이 추궁당한 일이 있었다. 남편은 너무 당황한 기색을 보이며 대답도 제대로 하지 못했다. 아빠를 잃은 것도 감당하기 힘든데 의료진이 환자 앞에서 언쟁을 벌이고 짜증 섞인 목소리로 환자에게 소리를 지르던 게 지인이에게는 너무 큰 상처가 됐다.

아이들에게는 든든한 아빠이고 나에게는 의지하던 남편인데 의료진에게는 세 살 아이 같은 대우를 받은 것이다. 남편이 두려움에 떨며 작아지는 모습은 지금껏 내가 본 적 없는 모습이었고 딸도 처음이자 마지막으로 본 아빠의 모습이 너무 초라해서 가슴이 무너졌다고 한다.

그렇게 우리는 퇴원을 5일 앞둔 날 아무런 작별 인사도 하지 못한 채 그를 떠나보내야 했다. 장례식장으로 가는 길에 아빠에게 무례했던 의료진의 행동을 떠올리며 딸은 분노했다. 그러자 아들 경하가 동생을 위로하며 말했다.

"지인아, 오빠도 지금 너무 화가 나고 속상하지만, 누구를 원망하는 거나 우리가 이렇게 속상해하는 거, 아빠가 원하지 않았을 거야."

지인이는 오빠의 말을 듣고 마음을 안정시켰다.

그렇게 남편이 떠나고 우리 가족은 2년이 넘는 시간 동안 가슴 아픈 나날을 보냈다. 우리 집은 문고리부터 시작해서 모든 게 남편 손을 거치지 않은 게 없다. 아이들도 아빠 생각을 멈출 수 없다고 해서 결국 이사할 수밖에 없었다.

그러고는 하나님이 도우셔서 우리 가족은 요양원 사업을 시작하게 됐다. 아이들에게 요양원 사업은 금전적인 이득보다 삶의 가치와 꿈을 담을 수 있는 일이라고 일러주었다. 하루는 경하가 나에게 다가와 물었다.

"엄마, 어르신 중에 외출이 어려운 분들이 많잖아요. 제가 운전을 하고 어르신들 모시고 나들이를 가고 싶은데 엄마 생각은 어때요?"

나는 경하의 제안을 적극적으로 지지했다. 지인이도 유치원이 쉬는 주말이면 오빠와 함께 나들이 봉사를 나갔다. 딸은 아픈 어르신들을 뵐 때마다 아빠가 많이 생각난다고 했다. 그러면서 한편으론 자신이 할 수 있는 일이 너무 제한적이라서 안타깝다고 했다.

"엄마, 간호 공부를 해보고 싶어요."

237

어느 날 지인이는 나와 경하 앞에서 뜻밖의 제안을 했다. 나들이 봉사를 다니며 어르신들과 유치원 아이들이 비슷하다고 느꼈단다. 어르신 중에 정말 귀여운 분들도 많고 어르신과 함께하는 시간이 딸에게 행복을 주었다고 했다.

"저도 어르신들을 행복하게 할 수 있고, 그 속에서 나도 행복을 느낄 수 있는 일을 하고 싶어요."

지인이는 1년을 고민하다가 간호조무사 과정부터 공부해 자격증을 취득했고 간호사 공부를 하기로 결심했다. 그 누구도 아빠처럼 세상을 떠나는 일이 없었으면 좋겠다는 마음으로 새로운 꿈에 도전하기로 한 것이다. 26살은 아직 어린 나이지만 대학교에 다시 입학하는 건 쉽지 않은 결정이었다. 그런데도 용기를 낸 딸이 너무 대견해서 아이의 결정을 무조건 응원했다.

딸은 간호대학에 다니면서 방학이 되면 요양원에서 일손을 도왔다. 힘들지 않느냐고 하면 어르신들과 함께하는 시간이 얼마나 소중한지 모른다고 말했다. 딸은 자신의 꿈에 점점 더 다가가는 것 같아서 행복하다고 했다. 어르신들도 지인이를 예뻐했다. 뭐라도 챙겨주시려고 하는 어르신, 만나면 반갑게 인사해 주시는 어르신, 엄마 닮아서 예쁘다고 하시는 어르신이 한둘이 아니었다.

딸이 간호사가 된다고 생각하니까 마가렛 피사렉의 거룩한 삶이 떠오른다. 폴란드 출생인 마가렛 피사렉은 오스트리아에서 간호대학을 졸업하고 소록도에 간호사가 필요하다는 소식을 접하고 자원했다. 1966년부터 2005년까지 소록도에서 무려 40여 년간 사랑과 헌신을 다해서 한센인들을 보살폈다.

그는 지난 2023년에 심장마비로 88세를 일기로 선종했다. 그가 떠난 날 대한간호협회는 '이 세상 비추는 따뜻한 별이 되신 선생님을 기억합니다'라는 추모의 글을 게시했다. 그리고 마가렛 간호사가 공식적인 파견 기간이 끝난 뒤에도 월급을 받지 않는 자원봉사자 신분으로 소록도에 남아 한센인들의 상처와 아픔을 어루만지며 헌신적이고 이타적인 삶을 사셨다는 사실을 널리 알렸다.

마가렛 간호사는 20대에 소록도를 찾아와 70대 노인이 되어 '일을 제대로 할 수 없어 부담을 줄까 봐 조용히 떠납니다'라는 편지 한 통만을 남기신 채 오스트리아로 돌아갔다고 한다. 그도 삶의 말미에는 치매를 앓았는데 소록도에 대한 기억을 떠올리시면 아주 행복해 하고 좋아했다고 전해진다.

20대의 꽃다운 나이에 머나먼 이국의 작은 섬에 들어가서 간호사, 엄마, 소록도 할매로 불렸던 마가렛 간호사 선생님! 그의 삶은 사랑 그 자체였다. 나는 지인이가 그렇게 숭고한 희생을 이뤄내길 바라지 않는다. 여느 엄마처럼 나도 내 소중한 딸이 평범하게 행복한 삶을 살길 바란다. 그러나 업무가 힘든 간호사로서 지치고 회의가 들 때는 마가렛 간호사의 거룩한 사랑을 떠올리며 힘을 내길 바란다.

이제 1년만 있으면 딸은 졸업한다. 의료사고로 허무하게 떠난 아빠를 그리워하다가 그처럼 허망한 죽음이 없도록 힘을 보태겠다고 했던 대견한 내 딸. 가끔 나에게 차갑게 굴고 신경질을 부리기도 하지만 어떻게 된 일인지 어르신들한테는 무조건 친절하고 상냥하다. 병원에서 갑자기 돌아가신 아빠를 생각하며 어르신들에게는 무조건적인 사랑을 베푸는 건지도 모른다. 그런 모습을 보면 천생 내 딸이구나 싶기도 하다.

남편은 떠났지만, 나의 뜻에 동참하는 아들과 딸이 있어서 얼마나 든든한지 모른다. 남편은 우리 셋이 똘똘 뭉쳐서 요양원을 운영하는 이 모습을 전부 지켜보고 있을 것이다. 그럴 때마다 남편에게 이렇게 말하고 싶다.

"여보, 당신 닮아서 우리 아이들이 어르신들한테 참 잘하네. 당신 덕에 우리 아이들 다 너무 잘 컸어. 아무 걱정하지 마."

함께
기도할까요?

노인 인구가 늘어난 요즘 시대에 노인 우울증이 큰 문제다. 나는 노인 우울증에도 관심이 많다. 요양원에 계시는 어르신 중에 자식을 향한 서운함과 가족과 헤어졌다는 상실감으로 우울해하는 분들이 많다. 자식의 상황도 녹록지 못해서 요양원으로 갈 수밖에 없는 상황을 머리로는 이해하지만, 서운함은 어쩔 수 없다. 사랑으로 키운 자식에게 버려졌다는 허탈감도 쉽게 떨치지 않는다.

노년기 우울증은 다른 우울증과 마찬가지로 입맛이 없고 잠을 자지 못하는 불면증세가 나타난다. 심하면 기억력이 떨어지고 환각 증상이 나타나기도 한다. 노년기 우울증은 나이를 먹음에 따라 뇌가 노화하는 게 원인이지만 나이를 먹었으니, 사회에서 더이상 할 일이 없다는 생각이 들어서 우울해지기도 한다. 문제는 노인 우울증을 치료하기가 쉽지 않다는 점이다. **241**

어르신들은 우울증을 인정하고 치료하는 일을 낯설게 여긴다. 또 우울증을 이겨내려면 가까운 사람들의 도움이 절대적으로 필요한데 우울증이 있는 어르신들은 아무에게서도 도움을 받을 수 없다고 생각한다. 이런 생각을 바꾸지 않으면 계속 외롭게 고립되거나 격리되어 살 수밖에 없다.

이럴 때 주변 친구나 뜻이 맞는 사람들과 함께하는 시간을 가지면 크나큰 도움이 된다. 예를 들면 종교 활동을 하는 것도 노년기 우울증에 좋다. 연구 결과에서도 종교 활동은 우울증 발병을 낮추고 사망률과 유병률을 감소시킨다고 한다. 종교 생활을 하는 어르신이 그렇지 않은 어르신보다 생활 만족도가 높고 소외감이 낮다.

사람이라면 누구나 웰빙하고 싶으면서 동시에 웰다잉도 하고 싶다. 노년은 잘 사는 것과 잘 죽는 일의 기로에 서게 되는 시기이다. 이때 우리는 살면서 겪었던 부정적인 일이나 갈등을 편안하게 놓아주어야 한다. 인생을 더욱 긍정적으로 바라보고 다가올 죽음을 또 다른 현실로 수용할 수 있어야 한다.

그래서 나는 더 많은 어르신이 노년기에 영성의 가치를 깨달았으면 하고 바란다. 영성은 기독교에서만 통용되는 것 같지만 사실은 종교를 뛰어넘는 개념이다. 기독교에서 영성은 인간에게 부여되는 하나님의 생명력을 의미한다. 물질적인 것 (animalis)과 반대되는 의미로 거룩한 생명의 기운을 뜻한다.

여기서 영성은 더 큰 개념을 포용한다. 영성을 예술, 우주, 실제 인물, 위대한 사상이나 지적인 이념 등과 같은 자신보다 더 차원이 높은 존재, 혹은 의미를 모두 포함한다. 그러므로 영성을 추구하면 노년기에 맞닥뜨리기 쉬운 스트레스를 극복할 수 있다. 그뿐만 아니라 긍정적이고 낙관적이고 정신이 풍요로운 노후를 보낼 수 있다. 고차원적인 정신을 추구함으로써 죽음을 향한 불안에서 벗어날 수 있다.

우리 요양원에 일찍 혼자가 되어 재혼하지 않고 딸 하나만 바라보고 키우신 어르신이 있다. 이 어르신은 뜨개질과 색칠을 정교하게 잘하고 솜씨가 좋으셨다. 인사를 드리고 종교를 여쭈었더니 평생 절을 다니셨다고 대답했다.

"교회는 한 번도 가본 적이 없어요."

어르신에게 예배를 함께 드리자고 권해드렸다. 어르신은 정확한 걸 좋아하시는 성격답게 예배 시간에 딱 맞춰서 참석하셨다.

그렇게 시작된 예배를 한 번도 빠지지 않고 참석한 게 벌써 2년이 다 되어간다. 말씀과 찬송을 적은 종이를 코팅해서 드렸더니 항상 중얼중얼 외우고 다니셨다. 예배 선생님이 기도를 해드리면 눈물도 흘리신다. 한 영혼이 천하보다 귀하다는 하나님 말씀은 우리 어르신을 두고 하는 말씀 같다.

"어르신, 무슨 기도를 그렇게 간절히 하세요?"

243

내가 물으니 어르신은 이렇게 대답하셨다.

"하나뿐인 우리 딸이 예수님을 믿기를 간절히 기도하고 있어요."

주름이 가득한 두 손을 곱게 모아 기도하는 모습은 숭고하고 아름다웠다. 그런 어르신은 지난 성탄절에 세례를 받으셨다. 세례식에는 믿지 않는 딸도 꽃다발을 들고 참석했다. 세례 후 어르신은 딸에게 꼭 교회를 다니면 좋겠다고 당부하셨지만, 딸은 부드러우면서도 단호한 어조로 말했다.

"엄마, 저는 아니에요. 저를 교회로 끌어들이지 마세요."

그러나 그녀는 세례식 내내 뒷자리에 앉아 조용히 눈물을 흘리고 있었다. 그 눈물의 의미는 무엇이었을까? 어머니의 간절함이 담긴 기도가 그녀의 마음을 조금씩 녹이고 있는 것은 아닐까?

"여기 어르신들은 모두 기독교 신자인가요?"

일주일에 세 번 예배를 드리는 우리 요양원은 원목과 예배 선생님까지 따로 고용했다. 이런 우리 요양원을 보면서 보호자들이 이렇게 질문하곤 한다.

"그렇지 않아요, 반 정도 기독교라고 하면 반 정도는 다른 종교이거나 종교가 없으신 분들입니다. 여기서 생활하시면서 일부는 예배에 참석하시다가 하나님을 믿고 천국으로 가시는 분들도 계세요."

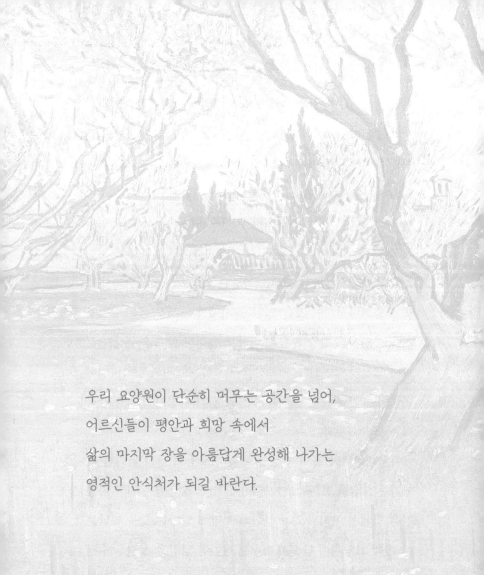

우리 요양원이 단순히 머무는 공간을 넘어,
어르신들이 평안과 희망 속에서
삶의 마지막 장을 아름답게 완성해 나가는
영적인 안식처가 되길 바란다.

Orchards in blossom, view of Arles

예배 시간에 울려 퍼지는 피아노 반주와 찬송, 기도 소리를 듣고 있으면 요양원은 내가 아닌 하나님이 하시는 사업이라는 생각이 든다. 나는 이 요양원이 나의 꿈이 아니라 하나님의 꿈이 이루어지는 장소가 되게 해 달라고 기도한다. 그리고 하나님이 이 일을 나에게 맡겨주셨다고 생각하면 기쁘기 그지없다. 자격이 없는 나에게 소중한 영혼을 맡겨주신 하나님께 감사드린다.

예배 시간에 눈물을 흘리는 어르신들을 보면, 하나님께서 이들과 함께하신다는 것을 느낀다. 치매가 와서 자식은 알아보지 못하면서도 찬양 가사는 하나도 틀리지 않고 외우시는 걸 보면 고개가 숙여진다. 어르신들이 자식은 몰라봐도 하나님과 예수님은 안다는 건 구원을 향한 인간의 갈망이 그만큼 강하다는 뜻이 아닐까.

이렇게 어르신들이 영성을 통해 위로받고 삶의 의미를 찾아가는 모습을 보며, 노년기 우울증을 극복할 힘은 결국 마음 깊은 곳에서 우러나오는 신뢰와 소망에 있다는 것을 깨닫는다. 우리 요양원이 단순히 머무는 공간을 넘어, 어르신들이 평안과 희망 속에서 삶의 마지막 장을 아름답게 완성해 나가는 영적인 안식처가 되길 바란다. 이는 어르신들에게뿐만 아니라 나에게도 깊은 의미와 사명을 깨닫게 해주는 소중한 여정이다.

까마귀의 은혜를
기억하며

　　사업을 해본 사람이라면 누구나 물질적으로 궁지에 몰리는 상황에 맞닥뜨린다. 나 또한 그랬다. 요양원을 건축하는 과정은 절대 순탄하지 않았다. 건축 허가를 받기 위한 복잡한 심사와 서류 절차도 고되지만, 그보다 더 큰 벽은 바로 재정적인 문제였다.

　　요양원 건축 비용을 마련하기 위해 여러 은행에 대출을 요청했다. 하지만 결과는 번번이 거절이었다. 어렵게 두드린 문이 닫힐 때마다 희망도 점점 사라지는 것 같았다. 그러나 하나님은 그 순간에도 나를 외면하지 않으셨다. 엘리야에게 까마귀를 보내어 생존을 이어가게 하셨듯, 나에게도 까마귀 같은 사람들을 보내셨다.

　　성경 열왕기상 17장에 등장하는 엘리야는 이스라엘의 가뭄이 심해지자 그릿 시내로 숨었다. 그때 하나님께서 까마귀를 보내어 아침과 저녁으로 떡과 고기를 먹을 수 있게 도우셨다. 엘리야는 까마귀를 통해 하나님의 신실하심을 직접 경험했다.

나에게도 까마귀처럼 찾아온 사람이 있었다. 그는 한 은행의 직원이었다. 그는 나보다도 더 간절한 마음으로 대출 승인을 위해 애써주었다. 심사 서류가 거절당할 때마다 그는 윗선에 나를 추천하며 신뢰를 보증했다. 그와 처음 만났을 때 내가 쓴 책을 선물했는데 그는 책을 읽고 나를 깊게 신뢰하게 되었다고 했다.

그리고 은행에서 결재를 올릴 때마다 이렇게 말하며 윗사람들을 설득했다.

"이런 사업자야말로 밀어주어야 합니다. 이분은 요양원을 운영하려는 게 아니라, 사명감으로 어르신들을 섬기려는 분입니다."

결국 몇 차례 불승인 끝에 대출 승인을 받았고 덕분에 요양원을 지을 수 있었다. 그의 믿음과 신뢰는 하나님께서 보내신 작은 기적이었다. 까마귀가 엘리아에게 떡과 고기를 가져온 것처럼, 한 은행의 직원이 나에게 희망과 기회의 떡을 가져다준 셈이다.

기적은 여기서 끝나지 않았다. 요양원을 시작하고 나서도 재정의 어려움이 계속됐다. 어르신들이 한 분씩 입소해도 수십명의 직원 월급과 이자를 감당하기엔 여전히 턱없이 부족했다. 그때 또 다른 까마귀가 찾아왔다. 한 요양보호사 선생님이 었다. 그녀는 어느 날 현금 2천만 원을 들고 와서 내 앞에 놓으며 말했다.

"원장님, 급하신 곳에 이 돈을 쓰세요. 원장님이 어르신들을 생각하는 마음을 제가 압니다. 이 돈으로 급한 불은 끌 수 있을 거예요."

이분은 과거에 사업을 하다가 실패를 겪고 모든 것을 내려놓은 뒤 요양보호사로 일하게 된 분이었다.

"원장님, 사업을 하다가 돈이 없을 때 얼마나 힘든지 잘 알아요."

나는 받지 않으려 했고 실랑이가 이어졌다. 나는 그 돈을 끝내 받지 않았다. 그러나 그녀의 따뜻한 마음과 믿음은 내게 큰 위로와 용기를 주었다. 그녀와 같은 사람들과 함께라면 어떤 고난도 이겨낼 수 있겠다고 확신했다.

살면서 궁지에 몰릴 때 우리 눈에는 모든 길이 막힌 것처럼 보인다. 그러나 그 자리야말로 하나님께서 일하시는 시작점이다. 엘리야에게 물과 양식을 보내셨던 하나님은 오늘날에도 우리의 삶 속에서 까마귀를 보내어 필요한 걸 주신다.

엘리야의 까마귀는 나에게 은행 직원의 모습으로, 요양보호사의 모습으로 찾아왔다. 하나님은 늘 가장 필요한 순간에, 가장 예상치 못한 방법으로 돕기 위해 손을 내미신다. 엘리야를 **249**

살면서 궁지에 몰릴 때 우리 눈에는
모든 길이 막힌 것처럼 보인다.
그러나 그 자리야말로
하나님께서 일하시는 시작점이다.

Sunset Over the Trees

끝까지 책임지셨던 하나님께서 나에게도 같은 은혜를 베푸셨다. 그분은 내가 끝이라고 절망했던 자리에서 예상치 못한 까마귀를 통해 살아갈 힘과 희망을 주셨다.

나에게 찾아온 까마귀들 덕분에 오늘도 요양원을 운영하며 어르신들을 섬길 수 있음을 고백한다. 하나님이 보내신 사람들을 통해서 나는 배웠다. 사방이 막혀도 하늘이 열려 있다는 사실을, 그분의 은혜와 사랑은 끝이 없으며, 우리의 믿음의 여정은 하나님께서 항상 책임지신다는 진리를 말이다.

> 네가 그 시내에서 물을 마시고 내가 까마귀들에게 명령하여 거기서 너를 먹이게 하리라 (열왕기상 17장 4절)

하나님은 오늘도 우리에게 필요한 까마귀를 보내신다. 우리의 역할은 그분의 손길을 신뢰하며 그 은혜를 붙드는 것이다. 삶이 어렵고 끝이 보이지 않을 때마다 나는 이 믿음의 이야기를 떠올린다. 하나님의 분주한 손길은 절대 멈추지 않는다. 오늘도 수많은 까마귀가 날개에 희망을 실은 채 우리를 향해 날아오고 있다.

251

오늘도 나는 요양원으로 출근합니다

1판 1쇄 | 2025년 3월 20일

지은이 | 김혜숙
펴낸이 | 박상란
펴낸곳 | 피톤치드

디자인 | 김다은 교정 | 강지희
경영·마케팅 | 박병기
출판등록 | 제 387-2013-000029호
등록번호 | 130-92-85998
주소 | 경기도 부천시 길주로 262 이안더클래식 133호
전화 | 070-7362-3488
팩스 | 0303-3449-0319
이메일 | phytonbook@naver.com

ISBN | 979-11-92549-43-9 (03230)